Astrologie und Gesundheit

Jasmin Rachlitz

ASTROLOGIE UND GESUNDHEIT

Wecken Sie Ihre Selbstheilungskräfte

Im FALKEN Taschenbuch sind weitere astrologische Ratgeber erschienen.
Sie sind überall erhältlich, wo es Bücher gibt.

Sie finden uns im Internet: **www.falken.de**

Der Text dieses Buches entspricht den Regeln
der neuen deutschen Rechtschreibung.

Dieses Buch wurde auf chlorfrei gebleichtem
und säurefreiem Papier gedruckt.

Originalausgabe
ISBN 3 635 60194 2

Umschlaggestaltung: Zembsch' Werkstatt, München
Redaktion: Daniela Weise, München / Lars Iffland
Herstellung: Michael Feuerer, Bad Aibling
Titelbild: Bavaria, München/Byren Newman; Inter-Foto, München/Pepita
Produktion: Buch-Werkstatt GmbH, Bad Aibling
Druck: Freiburger Graphische Betriebe GmbH, Freiburg

817 2635 4453 6271

INHALT

EINLEITUNG

Eine der wichtigsten Voraussetzungen für eine tief greifende und damit heilsame Auseinandersetzung mit eigenen Schwachstellen – und das gilt natürlich auch für körperliche Schwachstellen – ist die Selbsterkenntnis. Erst wenn wir uns selbst verstehen lernen, können wir uns selbst helfen. Das Geburtshoroskop bietet hier einen Schlüssel zum eigenen Wesen und den zugrunde liegenden psychologischen und körperlichen Strukturen.

Die Astrologie trägt der Einheit von Körper, Geist und Seele Rechnung. So hat sie der Medizin eine Menge zu bieten. Wenn ich in meiner astrologischen Praxis mit Menschen deren Horoskope bespreche, kann ich immer wieder erkennen, wie viel ein Horoskop über die gesundheitliche Veranlagung, die körperliche Konstitution und sogar die Physiognomie erkennen lässt. Der medizinische Fortschritt unserer Zeit steht diesen Erkenntnissen keineswegs entgegen. Und es setzt sich zunehmend die Überzeugung durch, dass auch die Kraft der Gedanken und der persönliche Wille bei der Heilung eine erhebliche Rolle spielen. Ihr persönliches Horoskop sagt Ihnen auch, auf welcher Ebene Sie diese Kräfte mobilisieren können.

Dieses Buch soll Ihnen dabei helfen, Ihre persönliche gesundheitliche Konstitution und Veranlagung zu erkennen. Ich möchte Ihnen zeigen, wie Sie Ihre Energie am sinnvollsten einsetzen können, was Ihnen wirklich gut tut und welchen Fehlern Sie vorbeugen können. Es geht mir dabei nicht nur darum zu helfen, Krankheiten zu vermeiden. Vielmehr will ich Sie auch dabei unterstützen, Lebensfreude zu gewinnen, die schließlich eine stabile Grundlage für die Gesundheit darstellt. Natürlich wird Sie dieses Buch nicht von Ihren regelmäßigen Vorsorgeuntersuchungen befreien und selbstverständlich auch keinen Arzt ersetzen.

Mit Hilfe des Anhangs ab Seite 125 werden Sie ganz leicht in die Lage versetzt, diejenigen Faktoren Ihres Geburtshoroskops selbst zu berechnen, die in der Astrologie traditionell mit den Themen Leben und Gesundheit in Verbindung stehen.

DIE ASTROLOGIE ALS SCHLÜSSEL
ZUR DIAGNOSE

Der natürliche Kreislauf des Lebens spiegelt sich im Tierkreis wider. Die Astrologie stellt eine Analogie zwischen dem Menschen und dem Kosmos her. Sie strukturiert das Leben eines Menschen unter anderem in einzelne Lebensabschnitte, in Charaktereigenschaften, in psychische ebenso wie physische Grundveranlagungen.

Jedes Geburtshoroskop ist einmalig und eine sehr vielschichtige Angelegenheit. Damit wird es der Einmaligkeit und Vielschichtigkeit eines jeden Menschen gerecht. Es setzt sich aus vielen verschiedenen Bestandteilen zusammen. Es sind dies der Tierkreis, die Planeten (zu denen in der Astrologie auch Sonne und Mond gehören), das Häusersystem und die Aspekte, also die Winkelbeziehungen zwischen den Planeten. Für unser Thema, die Gesundheit, sind neben der Sonne (Seite 17) und dem Mond in den einzelnen Tierkreiszeichen (Seite 92) noch der Aszendent und die Häuser sechs, acht und zwölf (ab Seite 36) sowie die Betonung eines der vier Elemente (Seite 13) von Bedeutung.

Der Tierkreis besteht aus den zwölf Tierkreiszeichen, von denen jedes genau 30 Grad einnimmt. Zusammen ergibt das einen Kreis, der wie jeder andere Kreis auch 360 Grad umfasst, wie Sie anhand der folgenden Abbildung ersehen können. Man sagt nun, die Sonne befindet sich beispielsweise im Tierkreiszeichen Widder, wenn die Sonne, aus der Sicht der Erde, vor diesem Tierkreiszeichen steht. Dasselbe gilt für den Mond und die anderen Planeten, die ihre Bahnen mit unterschiedlicher Geschwindigkeit ziehen.

Das Häusersystem muss man sich nun wie ein Raster vorstellen, das über den Tierkreis gelegt wird. Dieses Raster ist bei jedem Geburtshoroskop anders. Es sind immer zwölf Häuser (manchmal werden sie auch Felder genannt). Anders als die einzelnen Tierkreiszeichen können die

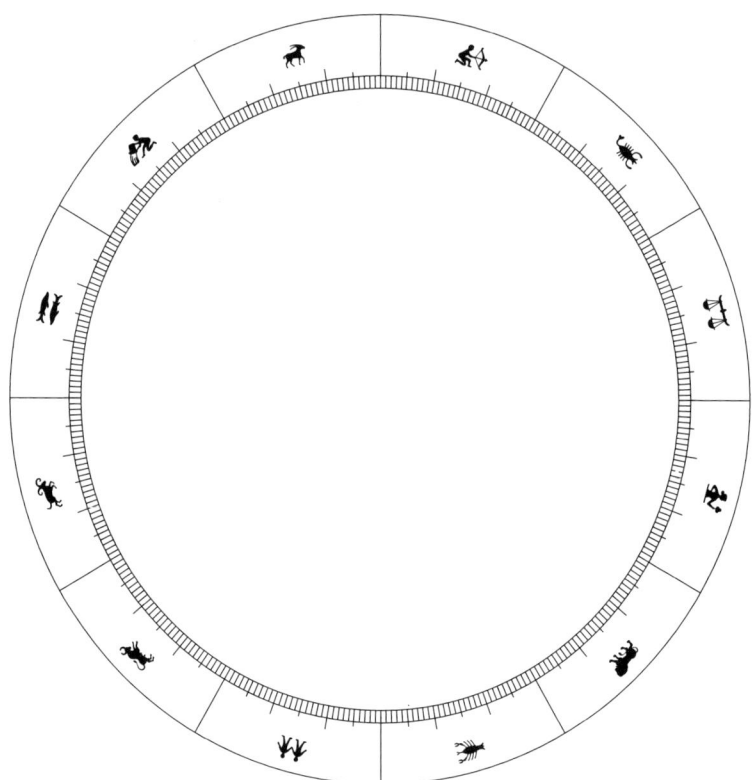

Die zwölf Tierkreiszeichen

Häuser von unterschiedlicher Größe sein, das heißt, eines kann beispielsweise 25 Grad umfassen, ein anderes hingegen sogar 70 Grad. Natürlich müssen die zwölf Häuser in einem Horoskop zusammen wieder 360 Grad ergeben. Das Häusersystem ist in jedem Geburtshoroskop anders aufgeteilt, denn es ergibt sich aufgrund der Geburtszeit und des Geburtsortes, und die sind bei jedem Menschen individuell verschieden. Selbst wenn zwei Menschen am selben Tag und am selben Ort geboren wurden, so können doch die Häuser ganz unterschiedlich ausfallen, wenn die beiden Menschen zu unterschiedlichen Tageszeiten auf die Welt gekommen sind. Gleich bleibt nur bei allen Horoskopen die Reihenfolge der Häuser von eins bis zwölf, und zwar, wenn man sie darstellt, ebenso wie der Tierkreis gegen den Uhrzeigersinn.

Für die Interpretation ist es wichtig, zu wissen, in welches Tierkreiszeichen die Spitze eines bestimmten Hauses fällt. Unter der Häuserspitze versteht man den Anfang eines Hauses – wie gesagt, gegen den Uhrzeigersinn gedacht. Die Spitze eines Hauses ist zugleich die Tren-

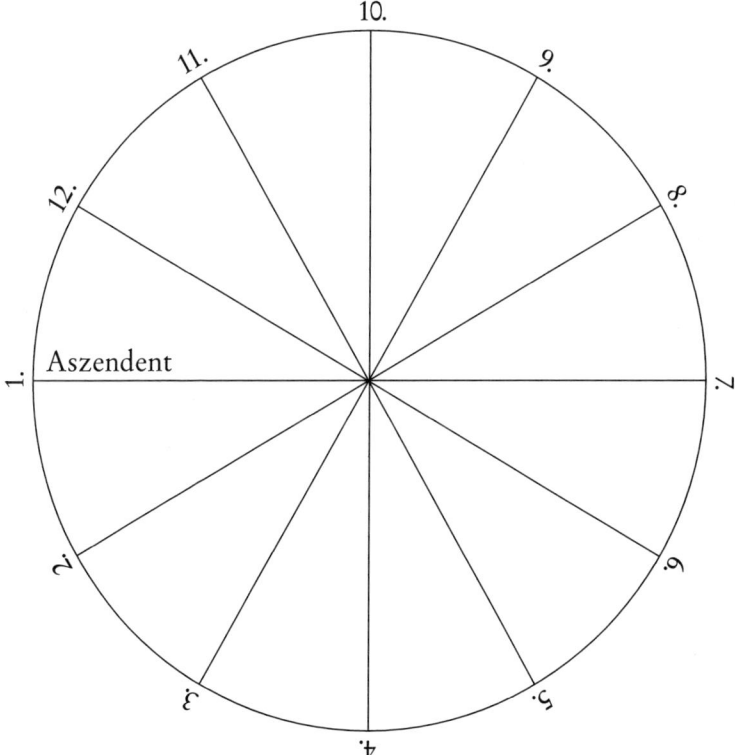

Die zwölf Häuserspitzen

nungslinie zum vorangehenden Haus. Auf folgender schematischer Darstellung sind die Häuserspitzen außerhalb des Kreises angezeichnet. Die Spitze des ersten Hauses ist der berühmte Aszendent.

Jedes Haus stellt einen bestimmten Lebensbereich dar. Beispielsweise zeigt das erste Haus die Art und Weise, wie wir uns darstellen, wie unser Erscheinungsbild und unsere körperliche Konstitution ist. Das zweite Haus beschäftigt sich mit materiellen Werten und den Finanzen, während das dritte Haus unter anderem Kommunikation, Geschwister und Nachbarn zum Thema hat.

Die Welt wirkt immer wieder auf uns zurück. Genau wie wir versuchen, die Umwelt zu formen, genauso werden wir von ihr geformt. Die Bewegungen sind immer in beiden Richtungen wirksam. Dieses Spiel von innen nach außen und wieder von außen nach innen ist das Wichtigste, das Interessanteste im Leben. Mit diesem Wechselspiel befasst sich das Häusersystem. Es ist vom astrologischen Standpunkt aus das Bezugssystem zur realen Welt, in der wir leben, zur praktischen, manchmal harten Wirklichkeit, der wir täglich gegenüberstehen. Es schildert die ganze Skala unserer Lebens- und Interessenbereiche in einfacher Sprache. Die von den zwölf Häusern repräsentierten zwölf Lebensbereiche sind sozusagen die „Schlachtfelder", auf denen wir kämpfen, uns behaupten, ringen und arbeiten müssen, auf denen wir Siege oder Niederlagen erleiden, je nachdem, wie wir uns darauf einstellen. Jeder von uns ist in eine Lebenssituation hineingestellt, in der er sich bewähren muss.

Für das Thema Gesundheit sind die Häuserspitzen des ersten (= der Aszendent), sechsten, achten und zwölften Hauses von Bedeutung. In diese Häuser spielen allerdings über die Gesundheit hinaus noch andere Themen mit hinein, etwa beim sechsten Haus die Arbeit(sverhältnisse). Es ist unschwer einzusehen, dass solche Themen sich wiederum auf die Gesundheit auswirken können. Daher wird bei der Beschreibung der einzelnen Häuserspitzen auch auf sie eingegangen.

In welchen Tierkreiszeichen sich die Häuserspitzen in Ihrem persönlichen Horoskop befinden, können Sie ab Seite 125 in Erfahrung bringen.

Die Zuordnung von Körperteilen zu den zwölf Tierkreiszeichen

Die Grundlage medizinischer Astrologie ist die Zuordnung von Körperteilen und Organen zu den zwölf Tierkreiszeichen. Alles Weitere baut hierauf auf. Wenn Sie die äußerlichen Körperzonen verfolgen, werden Sie erkennen, dass der Verlauf systematisch vom Kopf (Widder) bis hinunter zu den Füßen (Fische) reicht.

Widder

Äußerlich: Kopf

Innerlich: Gehirn, Kopf- und Gesichtsmuskulatur, Zunge, Gallenblase, Zähne

Strukturell: Schädel- und Gesichtsknochen

Stier

Äußerlich: Hals, Nacken, hinterer Kopfansatz

Innerlich: Rachen, Gaumen, Kehlkopf, Mandeln, Speiseröhre, Schilddrüse, Halsschlagader

Strukturell: Halswirbelsäule

Zwillinge

Äußerlich: Schultern, Arme, Hände

Innerlich: Stimmbänder, Lunge, Bronchien, Luftröhre, Nerven, Gleichgewichtssinn, Sauerstoffversorgung des Blutes, Thymusdrüse

Strukturell: Schlüsselbeinknochen, Schulterblätter, erste bis fünfte Rippe

Krebs

Äußerlich: Brüste, Bauch- und Magenregion

Innerlich: Magen, Zwerchfell, Milchdrüsen, Brustfell, Wasserhaushalt, Lymphsystem, Schleimhäute

Strukturell: Brustbein, sechste bis zwölfte Rippe

Löwe

Äußerlich: Brustumfang, Rücken
Innerlich: Herz, Aorta, Blutkreislauf
Strukturell: Wirbelsäule (insbesondere die Brustwirbelsäule), Radius der ausgebreiteten Arme

Jungfrau

Äußerlich: Unterbauch, Bauchnabel
Innerlich: Verdauungsorgane, Bauchspeicheldrüse, Milz, sensorische Nerven
Strukturell: Bauchhöhle

Waage

Äußerlich: Lenden
Innerlich: Nieren, Nierenbecken, Harnblase, Harnleiter
Strukturell: Lendenwirbelsäule, Schambein

Skorpion

Äußerlich: Unterleib
Innerlich: Geschlechts- und Ausscheidungsorgane, Anus, Urogenitalsystem
Strukturell: Nasenknochen, Steißbein

Schütze

Äußerlich: Leisten, Oberschenkel
Innerlich: Arteriensystem, Hüftgelenke, Muskeln
Strukturell: Becken, Hüfte, Oberschenkelknochen

Steinbock

Äußerlich: Knie, Haut
Innerlich: Knochensystem
Strukturell: Skelett, Kniescheibe, Knochen des Kniegelenks, Knorpel

Wassermann

Äußerlich: Unterschenkel, Waden, Knöchel
Innerlich: Autonomes Nervensystem, Kapillaren
Strukturell: Schien- und Wadenbein

Fische

Äußerlich: Füße
Innerlich: Lymphsystem, Gelenkschmiere, Blutplasma
Strukturell: Fußknochen

Die vier Elemente

Die zwölf Tierkreiszeichen werden den vier Elementen – Feuer, Erde, Luft und Wasser – zugeordnet. Dies dient letztlich dazu, die unterschiedlichen Charaktereigenschaften der Tierkreiszeichen in bestimmte Kategorien zusammenzufassen. Die vier Elemente beschreiben das Temperament eines Menschen näher. Das Element Feuer, dem die Zeichen Widder, Löwe und Schütze zugeordnet werden, beschreibt den cholerischen Menschentyp. Das Element Erde, dem die Zeichen Stier, Jungfrau und Steinbock zugeordnet werden, beschreibt den melancholischen Menschentyp. Das Element Luft, dem die Zeichen Zwillinge, Waage und Wassermann zugeordnet werden, beschreibt den sanguinischen Menschentyp. Und das Element Wasser schließlich, dem die Zeichen Krebs, Skorpion und Fische zugeordnet werden, beschreibt den phlegmatischen Menschentyp. Man darf jedoch nicht den Fehler begehen, von der Bedeutung auszugehen, die wir den Begriffen cholerisch, melancholisch, sanguinisch und phlegmatisch im Alltag zuschreiben. Die Menschentypen nach den vier Elementen sind viel differenzierter. Wir können ihnen etwas über unsere psychologischen Voraussetzungen, aber auch über unsere Körperfunktionen und Krankheitsdispositionen entnehmen, wenn wir zwischen den Phänomenen, also den sichtbaren Erscheinungen eines bestimmten Elements, und dem Körper eine Beziehung herstellen.

Feuer – cholerisches Temperament
Feuerzeichen sind Widder, Löwe und Schütze

Feuer ist beweglich, energiegeladen, unberechenbar und rot. Chemisch gesehen handelt es sich dabei um einen Oxidationsprozess stürmischer Natur. Ohne Sauerstoff, der in der Luft vorhanden ist, gibt es kein Feuer.

Der Unberechenbarkeit des Feuers entspricht auch die Funktion der Muskeln, da sie sich sehr rasch zusammenziehen können. Die Muskeln sind für die Bewegung zuständig und zugleich die energiereichsten Körperteile. Auch auf die für den Energietransport zuständigen chemischen Verbindungen trifft dies zu. Die Oxidation geschieht durch den Sauerstoff, den das Blut zu den Zellen bringt. Blut hat ebenfalls die Farbe des Feuers: rot. Bedenkt man nun, dass dem Widder das Gehirn als Aktivierungsorgan für motorische Impulse, dem Löwen das Herz als zentrales Blutorgan und dem Schützen die Oberschenkel als zentrales Fortbewegungsorgan entsprechen, dann hat man das Wesen des Elements Feuer auf körperlicher Ebene erfasst.

Feuer kann rasch reagieren, besitzt Energie und Stärke. Gefahren ergeben sich durch Überbeanspruchung, zum Beispiel durch Muskelrisse oder -krämpfe. So ist beim Löwen der Herzmuskel gefährdet, beim Schützen sind die Beinmuskeln anfällig. Der Widder neigt zu Sportverletzungen vor allem am Kopf, der Schütze an der Hüfte. Beim Widder kommt es leicht zu einer Überbeanspruchung der Gehirnnerven, beim Löwen in Bezug auf seinen Kreislauf, beim Schützen schließlich ist der Ischiasnerv eine Schwachstelle.

Im Allgemeinen haben Feuerzeichen eine gute Konstitution und Vitalität. Wenn sie an akuten Krankheiten leiden – meist begleitet von heftigen Fieberanfällen –, erholen sie sich rasch davon.

Erde – melancholisches Temperament
Erdzeichen sind Stier, Jungfrau und Steinbock

Erde ist fest und hat mit Nahrung zu tun. Sie kann hart sein oder locker und somit für Lebewesen, besonders Pflanzen, gut geeignet. Tote Materie in der Erde bleibt dort auch, sofern sie nicht durch Wasser ausgeschwemmt wird. Auf den Körper übertragen hat das Element Erde etwas mit festem Gewebe und mit Nahrung zu tun. Man findet folgende Entsprechungen zu den drei Erdzeichen: das Skelett beim Steinbock, die Nahrungsaufnahme und die Vorverdauung im Schlund beim Stier und schließlich die Verwertung im Darm bei der Jungfrau.

Erdzeichen leiden bevorzugt an chronischen Krankheiten, weil sie zur „Verfestigung" neigen. Es besteht außerdem ein starker Zusammenhang zwischen ihrer Gesundheit und der Art und Weise ihrer Ernährung. So neigt der Stier zur Völlerei, während die Jungfrau oft Wert auf naturbelassene Nahrung legt und der Steinbock eher Askese betreibt und nichts hergibt. Natürlich sind auch die entsprechenden Regionen betroffen: Beim Stier ist es der Hals-Rachen-Raum mit der für den Stoffwechsel wichtigen Schilddrüse. Die Gedärme mit der für die Nahrungsverarbeitung wichtigen Bauchspeicheldrüse sind es bei der Jungfrau, die Gelenke, vor allem das Kniegelenk, sind es beim Steinbock.

Luft – sanguinisches Temperament
Luftzeichen sind Zwillinge, Waage und Wassermann
Luft ist beweglich und flüchtig. Sie durchdringt feinste Röhren, wodurch auch die Erde mit Luft getränkt wird, und ist erfüllt von elektromagnetischen Phänomenen wie Polarlicht, Blitzen, elektromagnetischen Feldern. Auf den Körper übertragen bedeutet das: Alle Organe, die aus feinsten Röhren aufgebaut sind, wie zum Beispiel die Lunge und ihre Alveolen, vor allem aber die Nieren, entsprechen dem Element Luft, nicht zu vergessen die feinen Blutgefäße, die Kapillaren, außerdem natürlich auch die Luft, die wir atmen. Den Zwillingen untersteht die Lunge, der Waage unterstehen die Nieren und dem Wassermann die Kapillaren. Da den Luftzeichen auch das Nervensystem zugeordnet wird, gibt es auch eine Verbindung zu den elektromagnetischen Phänomenen, die wiederum den Nervenleitungen entsprechen.

Der Zusammenhang zwischen Feuer und Luft wird folgendermaßen deutlich: Feuer kann nur in Luft, also unter Zufuhr von Sauerstoff, brennen. Auf den menschlichen Körper übertragen heißt das: Eine Aktivierung der Muskelfasern (Feuer) ist nur über Nervenimpulse (Luft) möglich. Feuer und Luft sind aktive Elemente, auch männlich genannt.

Die Schwachstellen des Luftelements liegen natürlich auch im nervlichen Bereich, man denke zum Beispiel an Nervosität, Unruhe, Schlaflosigkeit und psychosomatische Leiden. Natürlich sind auch die Organe betroffen, die den Luftzeichen entsprechen, also zum Beispiel die Lunge und die Nieren, außerdem die Venen im Wadengebiet (der Wassermann neigt zu Krampfadern).

Wasser – phlegmatisches Temperament
Wasserzeichen sind Krebs, Skorpion und Fische

Wasser ist beweglicher als Erde, aber nicht so beweglich wie Luft. Es befruchtet die Erde als Regen und enthält viele gelöste Stoffe, die für die Erde wichtig sind. So wie die Luft hat es keine feste Form. Aus astromedizinischer Sicht hat Wasser mit Organen und Geweben zu tun, die Flüssigkeit enthalten, produzieren, weiterleiten oder verarbeiten, und mit diesen Flüssigkeiten selbst. Da ist zum Beispiel der Magen, der die feste Nahrung in einen halbflüssigen Brei verwandelt. Er untersteht dem Zeichen Krebs. Auch die Milch, die nach der Schwangerschaft in den Milchdrüsen produziert wird, untersteht diesem Zeichen. Flüssigkeiten, die in den Geschlechtsorganen produziert werden, unterstehen einem weiteren Wasserzeichen, dem Skorpion. Auch die Abschwemmfunktion von Harnblase, Dickdarm und Mastdarm wird dem Zeichen Skorpion zugeordnet. Die Blutflüssigkeit, das Plasma, untersteht dem Zeichen Fische ebenso wie die Lymphe, eine wichtige und besonders passive Körperflüssigkeit. Die Körperflüssigkeiten nehmen viele Aufgaben wahr, denn Leben ist an Wasser gebunden – schließlich ist es dort entstanden. Darum wird dem Wasserzeichen Skorpion auch die Reproduktion des Lebens zugeordnet, also der Fortpflanzungsapparat.

Die Verträglichkeit von Erde und Wasser erklärt sich so: Auch die menschliche Nahrung wird nach ihrer Aufarbeitung durch eine Körperflüssigkeit, das Blut, zu den Organen transportiert. Erde und Wasser sind passive Elemente, auch weiblich genannt.

Wasserzeichen haben oft zu viel Wasser in den Geweben. Die Flüssigkeiten stauen sich oder sind nicht in Ordnung. Die den Zeichen zugeordneten Regionen und Organe sind ebenfalls Schwachstellen: der Magen beim Krebs, die Geschlechts- und Ausscheidungsorgane beim Skorpion, die Füße bei den Fischen. Außerdem können den Wasserzeichen manche Flüssigkeiten gefährlich werden, man denke insbesondere an den Alkohol.

Die Sonne in den zwölf Tierkreiszeichen

Die Einteilung in die zwölf Tierkreiszeichen ist den meisten Menschen bekannt. Fast jeder kennt sein Sternzeichen – womit nichts anderes gemeint ist als das Tierkreiszeichen, in dem die Sonne zum Zeitpunkt der Geburt eines Menschen stand.

Im Folgenden soll die gesundheitliche Grundstruktur eines jeden Tierkreiszeichens dargestellt werden, und zwar sowohl die Stärken als auch die Schwachstellen. Die Anfälligkeiten für bestimmte Leiden ergeben sich aus der Zuordnung der Tierkreiszeichen zu bestimmten Körperteilen und Organen, wie sie bereits dargestellt wurde (Seite 11). Selbstverständlich ergeben sich damit *nicht* für jedes Sternzeichen zwingend bestimmte Krankheiten. Vielmehr geht es um die so genannte „Achillesferse", also die empfindliche Stelle, die nun einmal jeder hat.

Jedes Tierkreiszeichen wird zunächst kurz charakterisiert, ehe es um die gesundheitlichen Voraussetzungen der Menschen, die die Sonne in dem betreffenden Tierkreiszeichen haben, geht. Natürlich spielt, wie bereits angedeutet wurde, für die Gesundheit nicht nur der Stand der Sonne eine Rolle. Von den anderen Faktoren wie beispielsweise dem Mond wird später noch die Rede sein.

Sonne im Widder (21. März bis 20. April)

Der Widder ist das erste Zeichen des Tierkreises. Die Sonne bewegt sich in dieses Zeichen zum Zeitpunkt des Frühlingsanfangs. Damit symbolisiert der Widder das Aufbrechen der Natur, den hoffnungsvollen Neubeginn und die Selbstverständlichkeit des Lebens. Das Element des Widders ist Feuer, sein Planet ist der Mars und sein Temperament cholerisch.

Dies gibt den Menschen, die unter seinem Zeichen geboren wurden, Tatkraft, Angriffslust, physische Stärke und eine große Widerstandskraft. Meist besitzen sie eine stark entwickelte Muskulatur, die sie durch Sport und viel Bewegung noch stärken können. Ihr Energieumsatz ist ohnehin meist erhöht, denn dank ihrer angeborenen Dynamik bewegen sie sich gerne und viel. Menschen, bei denen das Zeichen Widder noch durch weitere Horoskopfaktoren betont ist, wie zum Beispiel den Aszendenten oder den Mond, verfügen in der Regel eher über einen schlanken als über einen korpulenten Körper.

Durch die Impulsivität ihres Charakters und ihrer Bewegungen können sich Widder-Geborene schon einmal verletzen. Ihre gewohnheitsmäßige Unvorsichtigkeit trägt ebenso dazu bei, dass sie Unfällen stärker ausgesetzt sind als Krankheiten. Der Alkohol kann in Kombination mit ihrem feurigen Temperament zu einer explosiven Mischung werden. Die meisten Widder können übrigens auf Aufputschmittel verzichten, denn kaum ein Tierkreiszeichen ist von Natur aus so energiegeladen und wach wie sie.

Wenn Widder-Menschen tatsächlich einmal erkranken, so treten oft ungestüme physiologische Erscheinungen auf wie beispielsweise heftige Fieberanfälle, die jedoch meist so schnell wieder verschwinden, wie sie gekommen sind. Diese Menschen sind weitgehend widerstandsfähig gegen Infektionskrankheiten.

Richtig Zeit, genussvoll zu leben, nimmt sich der Widder meist nicht, er neigt zu Übertreibungen. Er schont seinen Organismus nicht, sondern heizt ihn vielmehr bis zum Äußersten auf. Scheinbar fast unbegrenzter Anstrengungen fähig, verbraucht er in der Jugend oft zu viele Ressourcen. Auf Dauer hält sein Körper mit diesem Kräfteverbrauch nicht Schritt und so ist manchmal auch ein rasches Altern die Folge.

Gesundheitliche Schäden lassen sich nicht nur mit Energie überwinden. Dieser Typ muss sich zu Pausen zwingen, um nicht vom Schicksal dazu gebracht zu werden. Für eine Besinnung ist es nie zu spät, obwohl der unbändige Wille des Widders es schwer macht, dies einzusehen. Er muss sich vor Augen halten, dass gelegentliche Pausen das Leben und neuen Kräfteeinsatz garantieren.

Kraftvolle Dynamik zeichnet den Menschen aus, der durch das Zeichen Widder geprägt ist. Schwierig wird es jedoch, wenn das Übermaß an Energie keinen Kanal findet, keinen Weg, auf dem es sich entfalten kann. Gestaute Kräfte können zu Aggressionen und gewaltsamen Gefühlsausbrüchen führen. Leider wird in solchen Situationen viel Glas zerbrochen, und das manchmal nicht nur im übertragenen, sondern auch im realen Sinn. Dann werden nur Vernichtung und Zerstörung als Ausweg empfunden. Doch lassen die Folgen aus solchen Reaktionen und daraus resultierenden Zerwürfnissen die Widder lange leiden, obwohl sie eigentlich manchmal schon nach ein paar Minuten wieder zu sich kommen und ihre Lage, auch wenn sie noch so aussichtslos ist, mit anderen Augen betrachten. Nicht jeder ihrer Mitmenschen hat die Nerven und die Ruhe, solche Ausbrüche zu verdauen.

Körperliche Schwachstellen des Widders sind der Kopf und insbesondere das Gesicht. Zu Krankheiten kommt es oft im Bereich von Schädel, Hirn, Augen, Ohren und Mund. Hier sind beispielsweise zu nennen: Kopfschmerzen und Migräne, Ohrenschmerzen, Funktionsstörungen des Hirns, Hirnhautentzündung, Epilepsie, Neuralgien, Glatzenbildung, Sehstörungen, Herpes, Akne und Hasenscharte. Es besteht außerdem eine Neigung zu Entzündungen, Blutungen, Sportverletzungen, fieberhaften Zuständen, die genauso schnell verschwinden, wie sie auftauchen. Augenschatten oder auch eine leicht gerötete Haut, insbesondere des Gesichts, können ständige Erscheinungen sein.

Sonne im Stier (21. April bis 20. Mai)

Der Stier ist das zweite Zeichen des Tierkreises. Wenn die Sonne in dieses Zeichen geht, festigt die Natur ihre Position, ergreift in üppiger Pracht Besitz von der Erde und hüllt sich wieder in ihr farbiges Kleid. Damit symbolisiert der Stier die Sammlung der Kräfte. Was im Widder nur ein Wollen war, kann sich hier vollziehen. Das Element des Stiers ist Erde, sein Planet ist die Venus und sein Temperament ist melancholisch.

Die physische und auch psychische Konstitution der Menschen mit einer Stier-Sonne ist meist stark und unerschütterlich. Ihre Bewegungen sind bedächtig und sie agieren auf realistischer Basis. So sind sie in der Materie verhaftet und nichts bringt sie aus der Ruhe und aus ihrem Rhythmus. Da sie auf ihre immerwährende Kraft vertrauen, neigen sie auch dazu, sich zu überarbeiten. Stiere besitzen sehr viel Ausdauer und Festigkeit. Der Stier-Typ ist außerdem ein großer Genießer und isst für sein Leben gern. Er kümmert sich allerdings nur wenig um eine gemäßigte Lebenshaltung oder gar um Diät. Da er auch kein Freund von intensiver Körperertüchtigung ist, sondern nach einem üppigen Essen lieber eine ausgiebige Ruhepause einlegt, setzt er leicht Gewicht an.

Jemand, der unter diesem Zeichen geboren wurde, gibt nur ungern wieder her, was ihm gehört oder was er sich einverleibt hat. Dies gilt auch im wörtlichen Sinn, weshalb es ihm nicht leicht fällt, einmal angesetztes Gewicht wieder loszuwerden. Außerdem können Giftstoffe Probleme bereiten, die sein Stoffwechselsystem oft nicht leicht verarbeiten kann. Die dem Stier zugeordnete Schilddrüse, die unter anderem für das Ankurbeln des Stoffwechsels zuständig ist und damit dafür sorgt, dass die Nahrung und alle anderen Stoffe wieder verbrennen, kommt bei ihm oft nicht nach. Stiere sollten deshalb ihre Nahrungszufuhr einschränken und viel Wasser trinken. Sie sollten sich auch um regelmäßige Bewegung bemühen. Gelegentliches Fasten kann Wunder wirken. Im Übrigen ist für Stiere die Natur eine unerschöpfliche Quelle der Kraft.

Der solide Stier kann sich durch den ständigen Wunsch nach materieller Sicherheit in solche Lebenskompromisse hineinmanövrieren, dass er völlig unbeweglich wird. Das einmal Erworbene wird festgehalten, auch die eigene Einstellung, und so sind Krisen vorprogrammiert, wenn das Leben Flexibilität fordert. Finanzielle Krisen gehen nicht selten mit partnerschaftlichen Problemen einher, da man immer wieder den Fehler macht, das Angenehme mit dem Nützlichen zu verbinden. Erst spät, wenn überhaupt, erkennt der Stier, dass der Seelenfrieden und die wahren Werte nicht vom Geld, sondern von der inneren Einstellung abhängen.

Hals, Nacken, Schilddrüse und der Stoffwechsel sind anfällig. Ebenso sind Störungen durch zu reichliche Ernährung, aber auch durch falsche Diäten nicht selten. Diabetes, Mandel- bzw. Halsentzündungen, Kehlkopfleiden, Heiserkeit und ein verspannter Nacken treten bei Stieren vermehrt auf, außerdem Mundgeruch als Folge von Störungen der Verdauungsorgane. Weiterhin kommt es verstärkt zu Schilddrüsen- und Ohrenerkrankungen.

Sonne in den Zwillingen (21. Mai bis 21. Juni)

Die Zwillinge sind das dritte Zeichen des Tierkreises und symbolisieren den Austausch der Kräfte. Hier vollzieht sich die Interaktion mit dem äußeren Raum. Zum Zeitpunkt, zu dem sich die Sonne ins Zeichen Zwillinge bewegt, hat der Austausch zwischen Pflanzen- und Tierwelt begonnen, denn die Vermehrung und Erweiterung in der Natur fordert Kontaktaufnahme. Das Element der Zwillinge ist Luft, ihr Planet ist der Merkur und ihr Temperament ist sanguinisch.

Dies gibt diesen Menschen ein heiteres und bewegliches Naturell, das schnell auf die Umwelt reagiert und mit ihr kommuniziert. Trotzdem verfügt der Zwillinge-Typ eher über eine schwache Konstitution und wenig Widerstandskraft, dafür jedoch über bedeutende psychische Stabilität. Aus ihr schöpft er mühelos neue Kräfte. Durch seine manchmal etwas rastlose und nervöse Art – beispielsweise gestikuliert er gerne heftig – neigt er zu Bluthochdruck und wird selten dick. Jedenfalls findet man im persönlichen Horoskop schwergewichtiger bzw. üppiger Zwillinge meist einige Planetenstände oder den Aszendenten im Zeichen Stier.

Der Zwilling schenkt seiner Gesundheit in der Regel keine große Aufmerksamkeit. Essen und Trinken betrachtet er mitunter als schlichte Notwendigkeit. Er knabbert mehr, als dass er isst, und findet am ehesten noch an einem Buffet Gefallen, wo er von allem etwas probieren kann. Zuweilen leidet er sogar an Appetitlosigkeit, weil er einfach mit so vielen Dingen geistig beschäftigt ist und deshalb manchmal die Stimme seines Körpers überhört. Seine Sinnesorgane nehmen mehr Eindrücke auf als die der meisten anderen Menschen. Selten liegt ein wirklich organisches Problem bei Zwillinge-Geborenen vor, vielmehr sind es ihre Nerven, die sie krank machen können. Zwillinge sollten um echte Konzentration bemüht sein. Dies gilt vor allem beim Sport und im Straßenverkehr. Zu leicht lassen sie sich ablenken und neigen deshalb zu Unfällen, wenngleich nicht zu schweren. Es gilt die Nervosität zu bekämpfen und die oftmals quirlige Energie in geregelte Bahnen zu lenken.

Hektik und innere Zerrissenheit sind die Konsequenz, wenn sich der Zwilling nicht selbst zur Gelassenheit mahnt. Auch den Zwang, ständig überall mitreden zu wollen, empfindet nicht jeder seiner Mitmenschen als angenehm, vor allem wenn der Redefluss gar nicht mehr versiegen will. So mancher Zwilling führt außerdem ein Doppelleben, indem er beispielsweise zwei Partner hat oder mehrere Jobs und noch mehr Hobbies. Erschöpfungszustände sind so vorprogrammiert, wenn der Zwilling auf zu vielen Hochzeiten gleichzeitig tanzt. Luftröhre, Stimmbänder, Lunge und Atemwege sind die Schwachstellen. Zwillinge-Geborene neigen zu Bronchitis und Asthma. Kleinere Verletzungen oder Brüche an Händen und Beinen treten bei ihnen häufiger als bei anderen Zeichen auf. Nervosität und Konzentrationsstörungen können ständige Begleiter sein.

Sonne im Krebs (22. Juni bis 22. Juli)

Der Krebs ist das vierte Zeichen des Tierkreises und symbolisiert ganz einfach die Erhaltung der Art. Die Natur hat jetzt ihre volle Entfaltung erreicht. Alles ist hervorgebracht, was Gestalt annehmen sollte. Es sind die lebenerhaltenden Kräfte am Werk, die eine Fortdauer gewährleisten.

Das Element des Krebses ist Wasser, sein Planet ist der Mond und sein Temperament ist phlegmatisch.

Kaum ein Zeichen ist so gefühlsbetont wie der Krebs. Vieles beeindruckt ihn mehr, als es nach außen hin erkennbar wird, und kaum ein Typ der zwölf Tierkreiszeichen ist von einer gut funktionierenden Partnerschaft so abhängig wie er. Als Gefühlsmensch ist er vielen Stimmungsschwankungen unterworfen und bewahrt sich zeitlebens sogar eine gewisse Kindlichkeit. Ein ausgeglichenes Innenleben ist für ihn und sein Wohlbefinden daher unverzichtbar. Unnötige Sorgen, Pessimismus und übertriebene Empfindsamkeit können Ursachen für so manche körperliche Unpässlichkeit sein. Gedanken an versäumte Gelegenheiten oder vergangene Schmach beeinflussen ihn stärker als Bakterien oder Viren. Schlimm ist für ihn auch eine negativ aufgeladene Umgebung. Besonders beim Essen sollte er für eine ruhige, heitere Atmosphäre sorgen – oder lieber gleich fasten. Seine Nahrung sollte er immer bewusst wählen und genießen und dabei auch die nötige Flüssigkeitsmenge zu sich nehmen. So mancher Krebs neigt dazu, einfach zu viel zu essen, was oft auch der Ausdruck seines Vorsorgedenkens sein kann oder schlicht der Wunsch, sich etwas zu gönnen im Ausgleich für ertragenes Leid. Wenn er sich nicht wohl fühlt, kann ihm schon mal etwas auf den Magen schlagen. Da der Krebs aus astrologischer Sicht einen starken Bezug zu Flüssigkeiten hat, sollte er beim Genuss von Alkohol vorsichtig sein. Zu schnell kann hier die Versuchung entstehen, sich einen Schluck zu gönnen und darin Trost zu finden. Wichtig ist für ihn, sich einer sinnvollen Aufgabe zu widmen und diese möglichst im Kreis geliebter Menschen auszuführen. Nur so kann er sich sein seelisches Gleichgewicht und damit auch die besten Voraussetzungen für einen kräftigen und gut funktionierenden Körper erhalten.

Eine geradezu kindliche Angst vor dem Verlassenwerden kann bei Menschen, die vom Zeichen Krebs geprägt sind, zur Umklammerung derer, die sie lieben, führen. Der ständige Wunsch nach Liebesbeweisen und zärtlicher Zuwendung macht den Krebs in der Partnerschaft anstrengend und unduldsam. Im Gegenzug kann die feste Ansicht, er müsse die Verantwortung für den anderen übernehmen, auch zu ständiger Bevormundung führen. In der Überzeugung, nur das Beste für alle zu wollen, bleibt so mancher Krebs allein zurück. Nur auf schmerzhaften Umwegen wird er das Loslassen lernen.

Anfällig ist bei Krebs-Geborenen der Magen, der ebenso für psychische Belastungen wie für unausgewogene Ernährung zum Seismographen werden kann. Es kommt unter anderem zu Appetitlosigkeit, Sodbrennen und Magengeschwüren. Außerdem besteht eine Neigung zu Blässe, Blutarmut und Erschlaffung des Gewebes und der Haut. Stimmungsschwankungen können sich hier stark auf das körperliche Wohlbefinden niederschlagen.

Sonne im Löwen (23. Juli bis 22. August)

Der Löwe ist das fünfte Zeichen des Tierkreises und zeigt den Ausgleich der Kräfte an. Die Natur hat das erweckte Leben zu höchster Entfaltung gebracht. Doch nun versengen die Strahlen der Sonne auch alles, was in der Natur seine Aufgabe erfüllt hat. Das Element des Löwen ist Feuer, sein Planet ist die Sonne und sein Temperament ist cholerisch.

Auch er gehört zu den Zeichen, die über eine große Widerstandskraft verfügen und eine ungeheure Fähigkeit, sich zu regenerieren, an den Tag legen. Seine Unternehmungslust, Vitalität und meist große Lebensfreude ermöglichen es ihm, selbst in schwierigen Lebenslagen positive Gedanken und somit beste Voraussetzungen für seine Gesundheit zu schaffen. Hand in Hand damit aber geht seine Selbstüberschätzung. Die überschäumende Lebenskraft verleitet dazu, alles selbst zu tun und somit eine Menge Aufgaben auf sich zu ziehen. Meist ist das ohnehin straffe Tagesprogramm noch mit einem intensiven Gesellschaftsleben verbunden, was außer Standkraft noch Trinkfestigkeit und einen robusten Magen voraussetzt. Bei erstaunlich vielen Löwen geht das lange gut, denn sie lieben es, der Mittelpunkt zu sein und mit anderen zusammen zu genießen.

Sie treiben auch gerne Sport, allerdings nur solchen, der auch gesellschaftliche Effekte hat und standesgemäß ist. Viele Löwen spielen daher

Golf oder sind Mitglied in einem exklusiven Jachtklub. Außerdem muss ihnen der Sport auch dazu verhelfen, Beifall zu ernten. Ihre Eitelkeit ist nicht zu unterschätzen, weshalb sie auch darauf achten, eine gute Figur zu machen. Sie leben einfach nach außen, Verinnerlichung wird von so manchem Löwen sogar als Zeitverschwendung angesehen.

Tatsächlich können sich Löwen durchaus Nachlässigkeiten leisten. Sie meistern schlimme Krankheiten, Operationen und Schicksalsschläge, gönnen sich eine kurze Erholungspause und werden dann alt wie Methusalem. Doch der Löwe sollte immer darauf achten, nicht gegen seine Überzeugung zu leben und seine Herzenswünsche nicht zu vergessen. Er lebt richtig, wenn er sein Herz sprechen lässt. Entscheidungen, die nur mit dem Verstand getroffen werden, können ihn auf Dauer nicht glücklich machen. Nur aus seiner emotionalen Euphorie kann er seine unerschütterliche Lebenskraft schöpfen.

Der Löwe liebt den großen Auftritt, doch schwierig kann es werden, wenn der Wunsch zu glänzen zwanghaft wird, wenn etwa überall erzählt wird, was man besitzt und wer man ist. Die Folge kann sein, dass man sich hinter einer Maske versteckt, um in einem privaten Scheinreich zu regieren. So gibt es kein Unterordnen, Kritik wird grundsätzlich als persönlicher Angriff gewertet und mit aggressivem Machtanspruch verteidigt. Auch die lächerliche Version gibt es – überladen mit auffälligem Dekor, Hauptsache, es glänzt.

Beim Löwen ist vor allem das Herz anfällig. Es kommt häufiger als bei anderen Zeichen zu Herzkrankheiten, Herzschwäche, Kreislaufproblemen und Schwindelzuständen. Unmäßige Ernährung kann ebenfalls ein Problem darstellen. Ebenso können sich Rückenmarks- und Wirbelsäulenleiden ergeben.

Sonne in der Jungfrau (23. August bis 22. September)

Die Jungfrau ist das sechste Zeichen des Tierkreises. Die Natur entfaltet noch einmal ihre ganze Pracht, doch es ist eher ein abgeklärtes Nachklingen. Die Zeit, in der sich die Sonne im Tierkreiszeichen Jungfrau befindet, ist Erntezeit und die Dinge kommen zur Ruhe. Die Eroberung des äußeren Raumes hat ihren Abschluss gefunden. Das Element der Jungfrau ist Erde, ihr Planet ist der Merkur und ihr Temperament ist melancholisch.

Die intelligente Jungfrau versucht ihr persönliches Leben erst einmal mit dem Verstand zu analysieren und in den Griff zu bekommen. Auch das Thema Gesundheit geht sie systematisch an. Da sie ausgesprochen vernünftig ist, wird es bei ihr auch nicht darum gehen, Exzesse zu vermeiden – wobei natürlich auch hier Ausnahmen die Regel bestätigen.

Doch hinter all den Verstandeskräften, der Vernunft und den geordneten Verhältnissen steht meist auch eine große Unsicherheit. Das Selbstbewusstsein ist nicht sehr ausgeprägt, auch wenn das Auftreten schon mal kühl und von oben herab erscheinen mag. Hinter einer geschliffenen Fassade und kritischen Äußerungen verstecken sich Ängste mannigfaltiger Art, übertriebene Selbstkritik und mitunter auch die Furcht vor Krankheit und körperlicher Schwäche. Nicht selten wird bei einem Anzeichen von Unwohlsein die ganze Hausapotheke eingesetzt, um das Ausbrechen einer Krankheit von vornherein zu unterdrücken. Allerdings muss man auch erwähnen, dass es sehr viele gesundheitsbewusste Jungfrauen gibt, die eine ausgewogene Ernährung und tägliche Bewegung für unerlässlich halten. Manche sind gar Spezialisten in Naturheilverfahren und wissen für jedes Zipperlein ein passendes Hausmittel.

So mancher Jungfrau wäre schon damit geholfen, wenn sie die innere Einstellung ein wenig ändern würde, denn die Jungfrau-Geborenen tun sich schon hart mit der Lebensfreude. Oft sind sie einfach zu sehr in ihrer Pflicht verhaftet und dem Gefühl, sorgsam und genau arbeiten zu müssen. Da schenkt man einem Detail einfach zu große Aufmerksamkeit, anstatt zu entspannen und einfach für eine Weile Mensch zu sein. Aufopferung und Perfektionismus können der Jungfrau geradezu zum Verhängnis werden. Geordnete Lebensstrukturen sind zwar wichtig und gut, doch sie sollten keinen Zwang und vor allem kein selbst auferlegtes Korsett darstellen, das die Luft zum Atmen nimmt.

Ihre Selbstkritik und der Hang zur Grübelei bringen die Jungfrau dazu, sich um Kleinigkeiten im Kreis zu drehen. So verliert sie leicht den Blick für das Wesentliche. Anstatt zu leben und zu genießen, verschließt sie sich auf der ewigen Suche nach Fehlern. Weil das Pflichtbewusstsein zu stark ausgeprägt ist, macht sich ein Gefühl der Hoffnungslosigkeit breit. Jungfrau-Geborene ziehen die Arbeit geradezu auf sich, weil sie der Leistungsfähigkeit der anderen misstrauen. So kommt es bei ihnen zu körperlicher Erschöpfung durch übertriebenen Arbeitseinsatz.

Die Schwachstellen der Jungfrau sind die Verdauungsorgane, insbesondere das Magen-Darm-System. Und auch das „Hineinhorchen" in den eigenen Körper hilft nicht darüber hinweg, dass sich Magen- oder Darmleiden einstellen können wie zum Beispiel Durchfall, Verstopfung und Geschwüre. Bauchfellentzündungen können sich ebenfalls ergeben. Psychische Probleme können sich vor allem im Verdauungstrakt niederschlagen. Müdigkeit muss regelmäßig überwunden werden. Überhaupt sind Jungfrau-Menschen oft Hypochonder.

Sonne in der Waage (23. September bis 22. Oktober)

Die Waage ist das siebte Zeichen des Tierkreises. Langsam vollzieht sich eine Umstellung in der Natur. Die Pflanzen werden welk und sterben ab. Mit dem Versiegen des Kreislaufs der Säfte verfärben sich die Blätter und bieten bunte Farbenspiele. Der Abschied vom Gewordenen steht bevor. Doch noch geht es um den Ausgleich zwischen dem, was zu Ende geht, und dem, was neu beginnt, und dieser Ausgleich wird von der Waage symbolisiert. Das Element der Waage ist Luft, ihr Planet ist die Venus und ihr Temperament ist sanguinisch.

Kein anderes Zeichen verfügt über so viel Anziehungskraft, Charme und künstlerischen Ausdruck. Diese Menschen genießen die schönen Dinge des Lebens, am besten in geselliger Runde, und sind Meister der Lebenskunst. Askese ist ein Fremdwort, denn schließlich möchte man das Leben auskosten. Ob es das liebevoll zusammengestellte Menü, der edle Tropfen oder gar die Freuden der Liebe sind, sei dahingestellt – die

Waage schränkt sich nicht gerne ein und so ist es einfach eine Frage der Zeit, wann sie das eine oder andere gesundheitliche Problemchen erwartet. Meist lässt es sich mit entsprechenden Kurskorrekturen beheben. Disziplin ist jedoch etwas, was die Waage erst entwickelt, wenn die Notwendigkeit gegeben ist. Auch ihr Schönheitssinn kann Grund für eine Diät sein, doch auch hier versucht sie, einen sanften Weg zu beschreiten.

Der Ausgleich der Kräfte ist ihre Devise. Die Schattenseite davon ist ihre chronische Unentschlossenheit. Weil Harmonie für einen Waage-Menschen so wichtig ist, braucht er auch eine entspannte und angenehme Atmosphäre, um innerlich ausgeglichen zu sein. Stimmt die Umwelt nicht, neigen Waage-Menschen zu Erkrankungen der Seele. Es kann sogar geschehen, dass sie krank werden, nur um Sympathien zu erheischen. Im Allgemeinen ist die Konstitution der Waage jedoch gut, und wenn sie noch ihren Hang zur Bequemlichkeit überwindet und für ausreichend Bewegung sorgt, kann sie das körperliche Gleichgewicht aufrechterhalten.

Gleichgewichtsstörungen aller Art sind typisch für die Waage. Generell können sich bei der Waage partnerschaftliche Probleme auf die Gesundheit niederschlagen. Auch die Niere kann Probleme bereiten, vor allem wenn Entscheidungen immer wieder verschleppt werden. Es kann zu Nierensteinen kommen, ebenso zu Harnleiter- und Blasenentzündungen. Eine besondere Empfindlichkeiten auf zu viele Süßigkeiten wurde ebenfalls beobachtet. Darüber hinaus kommt es auch gehäuft zu Rückenschmerzen im Lendenwirbelbereich.

Sonne im Skorpion (23. Oktober bis 21. November)
Der Skorpion ist das achte Zeichen des Tierkreises. Er symbolisiert die Verwandlung der Kräfte. Es ist der „Stirb-und-werde-Prozess". Die Natur geht der winterlichen Ruhe entgegen und doch ruht in der Erde der Same für neues Leben. Zunächst aber zieht sich die Natur in das Innerste zurück. Das Element des Skorpions ist Wasser, sein Planet ist der Pluto und sein Temperament ist phlegmatisch.

Der Skorpion-Typ nimmt im Tierkreis ganz sicher eine besondere Stellung ein. So ist er selten gleichgültig, sondern eher kämpferisch und gespannt gestimmt, was sich auch auf seine Gesundheit auswirken kann. Man muss erwähnen, dass der Skorpion über große Energien verfügt, eine zähe Lebenskraft hat und sich auch aus dem Nichts wieder erheben kann. Doch die Psyche spielt bei ihm eine große Rolle und so kommt es hier vor, dass ihn Beleidigungen, persönliche Missachtungen und Intrigen krank machen. Er grübelt über Probleme oder Kontrahenten so lange nach, bis er sich seine eigene Lebensfreude zerstört hat. Dieser Neigung, alles persönlich zu nehmen, muss der Skorpion immer entgegenwirken. Zu schnell fühlt er sich angegriffen und verbraucht kostbare Energie bei der Bewältigung scheinbarer Probleme. Es fällt ihm schwer, sich einfach einmal fallen zu lassen und von dem täglichen Einerlei Abstand zu gewinnen. Sport bedeutet dem Skorpion entweder gar nichts oder sehr viel. Wenn er sich dafür entscheidet, möchte er auf seinem Gebiet auch Höchstleistungen bringen. Da der Skorpion dazu neigt, sich stark zu fordern, sei es beim Sport oder seinen täglichen Pflichten, sind körperliche Erschöpfungszustände praktisch vorprogrammiert. Eine intensive Beschäftigung mit spirituellen Themen, Psychologie und jeglicher Form von Lebensphilosophie kann ihm seelischen Ausgleich bieten und ihn stärken. Das Gefühl der geistigen Überlegenheit gibt ihm die Kraft, um den täglichen Auseinandersetzungen zu trotzen.

Manch misstrauischer Skorpion beobachtet bei sich eine starke Tendenz, sich aus dem Gesellschaftsleben zurückzuziehen. Das kann so weit gehen, dass er sich zum Menschenfeind entwickelt, der die anderen kritisch und bissig beobachtet. Er kann und will bestimmte negative Erfahrungen nicht vergessen. Einen Skorpion in dieser Verfassung sollte man nicht reizen, denn er kann gnadenlos sein und jahrelang angestaute Vorbehalte in einem einzigen Schlag zurückzahlen. Dabei nehmen manche Skorpione die Selbstzerstörung mit in Kauf. Der faustische Urtrieb ist bei Skorpionen, mit aller negativen Konsequenz, sehr stark.

Gesundheitliche Anfälligkeiten gibt es genug, denn selten nimmt der Skorpion Rücksicht auf seine Kräfte. Minderwertigkeitskomplexe können bei ihm zu psychosomatischen Erkrankungen führen. Depressionen kommen hier vor, ebenso Infektionen und Krankheiten der Geschlechts- und Ausscheidungsorgane.

Sonne im Schützen (22. November bis 21. Dezember)
Der Schütze ist das neunte Zeichen des Tierkreises. Die Zeit der inneren Ausweitung ist gekommen, wenn die Sonne in dieses Zeichen wandert. Kraftvolle innere Vorgänge vollziehen sich, auch wenn sie für das Auge nicht sichtbar sind. Was künftig wachsen will, muss seine Verankerung in der Tiefe haben. Das Element des Schützen ist Feuer, sein Planet ist der Jupiter und sein Temperament ist cholerisch.

Optimistisch und zuversichtlich bestreitet der typische Schütze seinen Lebensweg. Sein positiver Glaube, niemals krank zu werden, hält tatsächlich eine Menge Unbilden von ihm ab. Depressionen kennt er kaum, ganz zu schweigen von Selbstzweifeln. Meist ist er gut gelaunt und sogar ein wenig arrogant. Ganz selbstverständlich programmiert er sein Unterbewusstsein auf eine gute Konstitution. So bewegt er sich auch gerne an frischer Luft. Noch im hohen Alter treiben manche Schützen Sport, jagen und reiten gerne. Sie haben ein unbeschwertes Verhältnis zur Natur und entwickeln im Lauf ihres Lebens eine unabhängige Lebensphilosophie, die es ihnen möglich macht, sich auch immer wieder aus unguten und einengenden Verhältnissen zu befreien. Beachtet dies der Schütze und folgt er seinen hohen Idealen, wird er tatsächlich selten krank. Sein unbekümmertes Wesen, das manchmal sogar eine rustikale Note aufweist, drückt sich auch im Lebensgenuss aus. Ohne Reue gönnt er sich das, was er gerne mag – und das auch mal im Übermaß. Da er sehr großzügig ist, hasst er es zu sparen und so kennt er auch oft die Grenze nicht, wenn es um Alkohol geht. So mancher Schütze ist ein Fan von etwas „härteren Sachen" oder hat zumindest einen gut sortierten Weinkeller. So kann es schon mal zu einem Sportunfall kommen, wenn der

Kopf von der Feier des Vortags noch nicht ganz klar ist. Im Wesentlichen bleibt der Schütze jedoch von Krankheiten verschont. Möglicherweise auch deshalb, weil er Kopfschmerzen und Bauchweh für einen normalen Begleitumstand des Lebens und nicht für eine Krankheit hält.

Grundsätzlich zählt der Schütze ja zu den optimistischen Typen im Tierkreis. Leider gibt es auch ein paar Schützen, die wegen ihrer anmaßenden Ader alles andere als beliebt sind, ganz einfach, weil sie kein Tabu kennen und sich niemals ein Blatt vor den Mund nehmen. Taktlos sprengen sie Gesellschaften und haben dabei noch das Gefühl, einer Mission zu folgen. Eine andere Kehrseite kann die ungeheure Naivität sein, mit der dann der Glaube an das Gute verfolgt wird. Dadurch werden diese Menschen selbst zu Leidtragenden, die sich durch Realitätsverlust immer wieder neuen menschlichen Enttäuschungen ausliefern.

Anfällige Körperbereiche sind Hüfte und Oberschenkel. Ischias, Gelenkerkrankungen, Gicht, Rheuma, aber auch allgemeine Übersäuerung und Störungen der Talgdrüsen sind möglich. Schützen neigen zu Bluthochdruck, Hautunreinheiten und in einigen Fällen auch zu Leberstörungen, verursacht durch Alkoholmissbrauch.

Sonne im Steinbock (22. Dezember bis 19. Januar)
Der Steinbock ist das zehnte Zeichen des Tierkreises. Nun ist die Phase der Bewahrung der Kräfte gekommen. Die Natur hat sich scheinbar völlig zurückgezogen, und doch konserviert sie das Leben im Frost dieser Zeit, welches im Gegenzeichen des Steinbocks, dem Krebs, wieder voll zur Entfaltung kommt. Das Element des Steinbocks ist die Erde, sein Planet ist der Saturn und sein Temperament ist melancholisch.

Die Zähigkeit des Tiers, das diesem Zeichen seinen Namen gegeben hat, findet sich auch bei den Steinbock-Geborenen. Selbst wenn sie einmal kraftlos und ausgemergelt erscheinen mögen, so klammert sich doch niemand so zäh und ausdauernd an das Leben wie ein typischer Steinbock. Von kühlem Temperament, verfügt der Steinbock über einen Körper, der wesentlich widerstandsfähiger ist, als der äußere Anschein es vermuten lässt. Gleich den anderen Erdzeichen – Stier und Jungfrau – schöpft er aus der Natur immer neue Kraft. Ohne Schaden erträgt er die Nervenbelastungen des Alltags, denn er lässt nur wenige Dinge wirklich nahe an sich heran. Was ihn nicht interessiert, nimmt er nicht auf, und so hält er sich viele Dinge vom Leib. Sein pragmatischer Geist, sein Hang zu peinlicher Genauigkeit findet aber auch Parallelen in der Gesundheit. So mancher Steinbock hat ein ausgeprägtes Hygiene- und Sauberkeitsbedürfnis. Einige scheuen sich sogar, anderen Menschen zur Begrüßung die Hand zu geben. Vor körperlicher Leistung allerdings hat er keine Angst, es macht ihm nichts aus anzupacken. Seinen Körper sieht er selbst als Mittel zum Zweck, der zu funktionieren hat. Leider kommen daher Pflege und Entspannung häufig etwas zu kurz. Reinlichkeit ja, am besten mit Kernseife, aber eine Creme oder ein entspannendes Ölbad kommen nicht in Frage. Beim Essen geht der Steinbock, wie bei vielen anderen Dingen, mit Akribie vor. Dabei weiß er ganz genau, was er gerne isst. Leider wird auch hier peinlich genau auf Details geachtet und schon die kleinste Abweichung vom Gewohnten ist ihm Anlass genug sich zu beschweren. Sollte gar die Arbeit noch nicht erledigt sein, hat er ohnehin kaum Freude an seiner Speisung. Wenn in seinem Geburtshoroskop nicht konträre Einflüsse zu finden sind, wird er sich mit dem Genießen und Entspannen immer ein wenig hart tun. Doch gerade das wäre für ihn wichtig und könnte ihm zu mehr Lebensfreude verhelfen.

Die Neigung des Steinbocks zum Grübeln führt dazu, dass er sich oft im Kreis dreht. Probleme werden immer wieder reflektiert, zu lange wird am selben Thema herumgebastelt. Es besteht hier eine Tendenz, sich in der Vergangenheit zu vergraben. Durch diese einseitige Sichtweise der Dinge verliert der Steinbock den großen Zusammenhang aus den Augen und verzettelt sich in Kleinigkeiten.

Unter diesem Zeichen gibt es viele ausgesprochene Spätzünder, die nicht selten unter einer angeborenen Befangenheit und Unsicherheit leiden. Das in Kombination mit einer ausgeprägten Willenskraft macht innere Spannungen unausweichlich.

Die Schwachstellen des Steinbocks sind die Knie, weshalb diese Menschen häufig Probleme mit den Kniegelenken haben. Knochenleiden und Hautschäden wie Schrunden, Risse, Verhärtungen und Flechten kommen ebenfalls oft bei Steinböcken vor, außerdem Ekzeme, Schuppenflechte und Allergien. Erschöpfungszustände durch ständige Überlastung sind möglich, genauso wie das Verschleppen von Krankheiten.

Sonne im Wassermann (20. Januar bis 19. Februar)

Der Wassermann ist das elfte Zeichen des Tierkreises. Er symbolisiert die Umwandlung und Vorbereitung der Kräfte. Noch ruht die Natur und regeneriert sich, doch das innere Erwachen und eine erste Vorahnung, der zwar noch Zurückhaltung auferlegt ist, naht bereits. Das Element des Wassermanns ist Luft, sein Planet ist der Uranus und sein Temperament ist sanguinisch.

Der Wassermann ist einfach gerne in Bewegung. Meist wird er von seiner inneren Unruhe und seinen sich häufig ändernden Zielen angetrieben. So wechselt er zwischen Extremen hin und her: Fasten und Unmäßigkeit, Ruhe und Betriebsamkeit – das hängt ganz von seiner spontanen Laune ab. Er schätzt seine Individualität und seine Unabhängigkeit über alles, daher hält er sich auch nicht gerne an Vorschriften und hält auch nichts von Gesundheitsregeln. Allerdings haben Wassermänner oft großes Interesse an unkonventionellen Heilmethoden. Warum nicht mal einen Medizinmann ausprobieren, wenn die Allergie mit den üblichen Cremes nicht verschwinden will. Doch ebenso gut kann seine Aufmerksamkeit der modernen Apparatemedizin gehören, denn alles, was nach Innovation und Fortschritt riecht, gefällt ihm genauso gut wie das absolut Ungewöhnliche. Vielleicht springt er sogar zwischen den einzelnen Behandlungsmethoden hin und her. Als Patient ist er sicher nicht einfach, denn er ordnet sich keiner Vorgabe unter.

Solange er sich in keine alltägliche Tretmühle einordnen muss, erfreut sich der Wassermann meist bester Gesundheit. Das tägliche Einerlei, verbunden mit immer wiederkehrenden Pflichten, deren Sinn sich ihm nicht erschließen, kann ihn krank machen. Er braucht die Möglichkeit, einen Haken zu schlagen. Die Chance auf eine Veränderung hält ihn fit, manchmal fühlt er sich im Chaos sogar wohler als in zu großer Ordnung. Er ist auch kein verbissener Arbeiter, seine körperliche Energie setzt er am liebsten spielerisch ein, genauso wie seinen wendigen Geist.

Originell und sehr individuell gestalten die Menschen ihr Leben, die unter dem Zeichen Wassermann geboren sind. Die Steigerung davon ist der exzentrische Künstler, der eine Eingebung nach der anderen hat, aber von der verständnislosen Umwelt daran gehindert wird, die Welt zu retten. Oder der zerstreute Professor, der seine Brille nicht findet, schon gar nicht, wenn sie auf seiner Nase sitzt. Auch der unwiderstehliche Abenteurer, unfähig, feste Bindungen einzugehen, kann diesem Sternzeichen angehören. Skurril und verschroben im Wesen, will man um jeden Preis frei bleiben, denn Nähe verursacht Panik.

Da die Psyche ohnehin seine Physis dominiert, ist auch bei ihm das seelische Gleichgewicht Grundlage für eine stabile Gesundheit. Auch er muss, ähnlich wie die Waage und der Zwilling, immer darauf achten, nicht in ungute Beziehungen oder disharmonische Situationen zu geraten. Nervliche Dauerbelastungen gehen ihm wirklich an die Substanz.

Wassermänner können gesundheitliche Probleme mit den Waden und Fußgelenken – beispielsweise Knochenbrüche – haben. Außerdem neigen sie zu Krampfadern. Probleme ergeben sich außerdem im Bereich des Nervensystems. Auch ein unsicheres Gehen im Alter, verursacht durch Muskelschwäche und Störungen des Nervensystems, sind nicht selten. Nicht zuletzt sind Wassermann-Geborene häufig überdreht.

Sonne in den Fischen (20. Februar bis 20. März)

Die Fische sind das zwölfte Zeichen des Tierkreises. Sie symbolisieren die Vollendung des natürlichen Zyklus. Doch im Ende ist auch die Erwartung eines neuen Anfangs enthalten. Der ewige Kreislauf des Lebens wird hier am deutlichsten sichtbar. Das Element der Fische ist Wasser, ihr Planet ist der Neptun und ihr Temperament ist phlegmatisch.

Dieser Typ verfügt über eine sensible Empfindungsgabe, ein ausgeprägtes Ahnungsvermögen und phantasievollen Ideenreichtum. Oft erscheint er nicht gerade robust, zuweilen wirkt er sogar recht verletzbar und zerbrechlich. Doch seine Intuition kann ihm vermitteln, was ihm wirklich gut tut. Für viele Fische-Menschen spielt der Schlaf eine ganz besondere Rolle, denn sie brauchen ihn wie kaum etwas anderes für ihr Wohlbefinden. Zu wenig Schlaf kann den Fischetyp nachhaltig aus dem Gleichgewicht bringen. So wird auch klar, dass diese Menschen meistens Morgenmuffel sind, die nur langsam zu sich kommen, um spät in der Nacht richtig aufzublühen. Sie brauchen eben viel Ruhe und Zeit für sich. Entspannung und Pflege des sensiblen Körpers sollten zur täglichen Routine gehören. Aus diesen Ritualen können Fische-Geborene Kraft schöpfen. Das Interesse an Naturheilverfahren ist hier meist groß. Diese Menschen versuchen es bei einer Erkältung oder einer Magenverstimmung zuerst mit einem Kräutertee, bevor sie sich zum Arzt begeben. Und sie horchen auch ganz gerne in sich hinein, und so kann es schon einmal vorkommen, dass sie in ein leichtes Unwohlsein mehr hineininterpretieren, als tatsächlich dahinter steckt. Der Fische-Typ vertieft sich gerne in populärmedizinische Handbücher und schöpft daraus, wie er glaubt, kostbare Kenntnisse. Nicht selten entdeckt er danach gleich mehrere Symptome der beschriebenen Krankheiten bei sich selbst. Diese Menschen müssen sich wirklich bemühen, nicht Opfer ihrer Beeinflussbarkeit zu werden. Da auch ihre Vorstellungsgabe so stark ist, können sie sich schon mal etwas einbilden. Sind sie zu oft mit Kranken zusammen, können sie sich so sehr mit diesen Problemen identifizieren, dass deren Leiden praktisch auf sie übergehen. Im Grunde brauchen Fische-Geborene einen Hausarzt, der Psychologe genug ist, um mit viel Fingerspitzengefühl die oft nur zu verworrenen Empfindungen zu deuten und ihnen eine konsequente Behandlungsmethode zu verordnen.

Spirituell angehaucht, möchten sich diese Menschen gerne ungewöhnlichen Erfahrungen hingeben. Die Versuchung, sich neue Dimensionen durch Rauschmittel zu erschließen, kann groß sein. Es besteht auch das Problem, dass die eigene Labilität geradezu kultiviert wird. Am eigenen Versagen sind immer wieder die Umstände schuld. Manche Fische-Geborene müssen darauf achten, nicht von stärkeren Persönlichkeiten zu unlauteren Zwecken eingespannt zu werden. Eine ständige Herausforderung stellt die eigene Verführbarkeit dar. Auch das soziale Engagement kann übertrieben werden, wenn man sich dabei selbst völlig vergisst. So braucht man sich nicht zu wundern, wenn man gelegentlich in einem drohenden, dunklen Meer von Hoffnungslosigkeit versinkt.

Fische können unter Krankheiten des Bindegewebes und unter Geschwulstbildung leiden. Ihre Füße sind entweder überdurchschnittlich groß oder klein und können Schwachstellen sein. Fehlbildungen, Überbeine und Haltungsschäden können die Folge sein. Der Gang ist manchmal etwas ungelenk. Die Haut zeigt häufig ein durchscheinendes Bild und ist sehr fein, ebenso die Haarstruktur. Weitere Probleme können Allergien und jegliche Art von Manien darstellen. Außerdem besteht eine Neigung zu Suchterkrankungen.

Der Aszendent:
Körperliche und seelische Ausgangsbasis

Kein Punkt im Horoskop gibt so viel Auskunft über das äußere Erscheinungsbild eines Menschen wie der Aszendent, der zugleich die Spitze des ersten Hauses ist. Er zeigt die Wirkung einer Person auf die Mitmenschen, aber auch das Image, welches sie sich geben möchte und meist auch gibt. Neben den ererbten Anlagen beschreibt er in einem großen Maße die Form, die Gestalt und damit die Konstitution des Körpers. Unter Konstitution versteht man medizinisch dem Körper unlösbar anhaftende Eigentümlichkeiten, wie sie aus dem individuellen anatomischen Aufbau hervorgehen. Natürlich prägt uns auch das Tierkreiszeichen, in dem sich unsere Sonne befindet, mit, beispielsweise die Gesichtszüge oder einen bestimmten Geistesausdruck, der aber am Anfang versteckt ist und meist erst im reiferen Alter herauskommt. In der

Jugend wird er vom Mondzeichen, im höchsten Alter durch das Zeichen des Aszendenten verdeckt. Bei manchen Menschen sind das Aussehen und die Physis stärker vom Sonnenstand bestimmt. Zuweilen wird der Aszendent dadurch völlig unkenntlich gemacht. Normalerweise treten die Charakteristika eines bestimmten Tierkreiszeichens beim Aszendenten eher im Erscheinungsbild und in der ersten Reaktion hervor, beim Sonnenstand hingegen mehr im Wesenskern, der Grundverhaltensweise und der Art, wie der Betreffende sein Anlagegefüge verwirklicht.

Im vorangehenden Kapitel wurde bereits der zu jedem Tierkreiszeichen gehörige Planet genannt. Der Planet, der über das Tierkreiszeichen des Aszendenten herrscht, wird seit alters Geburtsherrscher genannt.

Aszendent im Widder

Energie pur ist hier das Schlagwort. Man wirkt dynamisch und sehr aktiv. Dieser Typ will sich einsetzen, etwas bewirken und sich nicht lange mit Details aufhalten. Ob verspätet oder nicht, er hat es immer eilig, wodurch er auch nervös oder uninteressiert erscheinen kann. Sein Händedruck ist fest, seine Stimme stark, fast laut. Seine schnellen Reflexe beeindrucken. Um eine breitere Akzeptanz zu finden, muss sich ein Mensch mit diesem Aszendenten meist um mehr Taktgefühl und Diplomatie bemühen, denn manchmal ist er einfach zu impulsiv. Er möchte nicht warten, will zur Tat übergehen und das Leben und die sich bietenden Gelegenheiten voll ausschöpfen. Seinem Wesen ist eine aggressive Note beigemischt, die zu Tage tritt, wenn er sich angegriffen oder gar ausgebremst fühlt. Er langweilt sich schnell, wenn sein Umfeld keine Herausforderung bietet. Der Planet Mars ist der Geburtsherrscher.

KÖRPERLICHE MERKMALE: Dieser Aszendent bringt einen schlanken, meist sportlichen Körperbau, dessen Knochenbau recht robust ist. Augenfällig ist der lange, kräftige Hals, die Kopfform ist länglich mit einer breiten Schläfenpartie. Das energische, bisweilen spitze Kinn komplettiert die dreieckige Gesichtsform. Die Nasenform ist gerade, manchmal ist es eine Adlernase. Häufig sind die Haare rötlich, in späteren Jahren findet man zuweilen bei Frauen an den Schläfen schütteren Haarwuchs, bei Männern kommt es oft schon in frühen Jahren zu Haarausfall. Die Augen sind blau, braun oder grau, der Blick gemäß dem ganzen Naturell rasch reagierend, offen und energisch. Dem flotten, eher federnden Gang ist die geballte Energie anzumerken.

Der Aszendent im Widder kennzeichnet ein leicht erregbares Temperament. Gleichzeitig neigt man dazu, sich zu übernehmen und sich dadurch allzu vielen Belastungen auszusetzen. Die zahlreichen Aktivitäten können manchmal zu Schlafproblemen führen.

Es ist wichtig, für ausreichende körperliche Bewegung zu sorgen, damit die zahlreichen Energien sich nicht gegen einen selbst richten, sondern nach außen abgeleitet werden können. Hier könnte eine maßvolle sportliche Betätigung für Abhilfe sorgen, wobei das Maßvolle Menschen mit einem Widder-Aszendenten sehr schwer fallen dürfte. Trotzdem ist dies für sie eine sehr gute Übung, weil sie auch mit Gelassenheit und Abwarten-Können zusammenhängt. Wenn sie dies freiwillig lernen, brauchen sie es nicht über eine Krankheit zu erfahren.

Aszendent im Stier

Kraftvoll und solide kann sich dieser Typ seiner Umwelt vermitteln. Bisweilen etwas zur Fülle neigend, zeigt er, dass er nicht nur den Beruf, sondern auch den Lebensgenuss schätzt. Er macht den Eindruck, als habe er viel Zeit und kenne keine Eile. Fest auf dem Boden stehend, wirkt er sehr zuverlässig und kann anderen, nervösen Mitmenschen viel Ruhe vermitteln, die auch mal in Sturheit umschlagen kann. Diesen Typ kann man nur schwer beeinflussen und schon gar nicht antreiben. Er hat seinen eigenen Rhythmus. Sein Händedruck ist warm und herzlich. Man vertraut ihm gerne. Veränderungen sind ihm grundsätzlich suspekt und so muss er sich häufig um mehr Flexibilität bemühen. Sicherheit spielt eine besonders große Rolle und so verpasst er auch mal eine gute Chance, weil er kein Risiko eingehen möchte. Zuweilen ist er zu stark in materiellen Dingen verhaftet und lässt sich schon einmal von Äußerlichkeiten blenden. Der Planet Venus ist der Geburtsherrscher.

KÖRPERLICHE MERKMALE: Der Körperbau ist stabil, kräftig, in späteren Jahren infolge des ausgesprochenen Hanges zum Genuss und allen schönen Dingen des Lebens zur Fülle neigend. Der Hals ist in der Regel kurz, bei Männern findet sich bisweilen ein Stiernacken. Das Gesicht ist voll und harmonisch. Frauen wie Männer mit diesem Aszendenten verfügen oft über einen beachtlichen äußeren Reiz. Die Stirn ist nicht allzu hoch und weist nicht selten einen reizvollen herzförmigen Haaransatz auf, die Lippen sind genussfreudig voll, das Haar des Öfteren lockig oder sanft gewellt, der Ausdruck der Augen ruhig, eher bedächtig, aber verhalten und gründlich.

Der Aszendent im Stier kennzeichnet eine Neigung, alles anzusammeln, was man jemals in sich aufgenommen hat. Dies führt zu Stoffwechselbeschwerden und körperlichen Aufschwemmungen.

Für Menschen mit diesem Aszendenten wird es wichtig sein, sich einmal intensiver mit dem Thema „Geben und Nehmen" auseinander zu setzen. Wer zu stark auf Letzteres fixiert ist, dem tut die Übung des Fastens sehr gut. Man braucht auch keine Angst vor dem Verhungern zu haben, vielmehr kann man sich auf die geistige Klarheit nach dem Fasten freuen, die der Lohn des Fastens ist.

Aszendent in den Zwillingen

Zwei Seelen in einer Brust kämpfen um das Vorrecht. Die ungeheure Vielseitigkeit ist einesteils ein Vorteil, verführt aber auch dazu, sich zu verzetteln. Lebendig, aufmerksam und heiter kann dieser Typ seiner Umwelt ein reges Interesse an allem vermitteln. Seine gute Allgemeinbildung beeindruckt, genauso wie seine körperliche Beweglichkeit. Mit Armen und Händen pflegt er lebhaft zu gestikulieren. Da er meist sehr jugendlich wirkt, kann er lange auf allen Gebieten des Lebens konkurrenzfähig und up to date sein. Sein wacher Geist und seine rasche Auffassungsgabe sind immer in Bewegung und verarbeiten Informationen in Sekundenschnelle. Doch er sollte sich bemühen, seine Rastlosigkeit abzulegen und nicht zu viele Dinge gleichzeitig zu beginnen. Er sollte besser handeln und nicht zu viel über seine Ideen und Projekte sprechen. Doch die Kommunikation ist auch sein Lebenselixier, wobei es ihm nicht unbedingt darauf ankommt, allen Dingen auf den Grund zu gehen.

KÖRPERLICHE MERKMALE: Dieser Aszendent verleiht eine schlanke, elegante Figur mit relativ langen Gliedmaßen. Das Gesicht ist oval, die Nase kann leicht gebogen oder auch in Form einer Stupsnase sein. Die Augen sind meist hell, selbst braune Augen machen einen lichten und hellen Eindruck, denn sie sind ausdrucksvoll, mit einem regen Interesse an allem. Der Gang ist rasch. Dieser Typ scheint auch in ruhigem Zustand ständig in Bewegung zu sein und vermittelt häufig den Eindruck, sozusagen auf dem Sprung zu sein. Trotzdem haftet den Bewegungen eine gewisse tänzerische Grazie an.

Der Aszendent in den Zwillingen kennzeichnet eine Neigung zu nervösen Störungen, was auch Schlafstörungen beinhaltet, wenn der Kopf mit zu vielen Eindrücken überladen ist. Eine gewisse geistige Disziplin beim Aufnehmen und Verarbeiten von Information scheint hier angebracht.

Auch mit jeder Form von Aufputschmitteln wie Kaffee oder Alkohol sollte man sehr vorsichtig und dosiert umgehen, weil man damit die ohnehin bereits vorhandene innere Unruhe noch verstärkt. Eine gewisse Regelmäßigkeit im Leben missfällt diesen Menschen oft, obwohl es ihnen gut täte, wenn sie zum Beispiel relativ regelmäßig essen und schlafen würden.

Aszendent im Krebs

Hier präsentiert sich eine menschliche, um Sympathie bemühte Persönlichkeit, die durch ihre Verbindlichkeit besticht. Ihre äußere Erscheinung hat zuweilen etwas Weiches oder gar Kindliches an sich, weshalb man ihr nicht gerade das Verteidigungsministerium anvertrauen würde. Ihre liebenswürdige Fürsorglichkeit ist es, die diese Menschen beliebt macht. Doch immer wieder müssen sie gegen starke Stimmungsschwankungen, Passivität und einen zuweilen starken Pessimismus ankämpfen. Familiärer Zusammenhalt spielt eine große Rolle, wobei auch der Freundeskreis zur Familie werden kann. Zwischenmenschliche Belange sind für diesen Typ besonders wichtig, partnerschaftlicher Rückhalt ist das oberste Ziel. Meist zeigen sich hier psychologisches Geschick und die Fähigkeit, ein guter Zuhörer zu sein, wobei man selbst auch ein großes Maß an liebevoller Aufmerksamkeit braucht.

KÖRPERLICHE MERKMALE: Der Aszendent in diesem Zeichen prägt eine mittelgroße, volle Statur mit geringer Muskelausbildung. Frauen verfügen meist über eine beachtliche Oberweite. Der Körper ist vor allem in späteren Jahren etwas schwammig. Manchmal tritt sogar echte Fettleibigkeit auf. Die Gesichtsform ist rund, die Hautfarbe blass bis fahl, die Augen sind meist hell mit wässrigem, leicht verschwommenem Blick von einer gewissen verträumten, langsamen Weichheit. Das Kinn ist klein und mäßig entwickelt, die Nase eher klein. Der Mund ist voll und ausdrucksstark, die Haare sind in der Regel hell bis mittelbraun. Häufig findet man unregelmäßige und defekte Zähne. In späteren Jahren verliert das Gesicht oft an Festigkeit, so dass sich neben Doppelkinn auch hängende Gesichtspartien bemerkbar machen können. Der Gang ist meist langsam und vorsichtig.

Der Aszendent im Krebs kennzeichnet die Neigung, leicht zu frieren. Er fördert eine gewisse Wetterfühligkeit. Man sollte daher darauf achten, sich so zu kleiden, dass man Temperatursprünge in die Tagesplanung mit einbezieht. Da der Magen meist sehr empfindlich ist, sollte man sorgfältig darauf achten, was man isst, und sich dabei viel Zeit lassen. Hektik ist Gift für diese Menschen!

Viel Spazierengehen an der frischen Luft wirkt sich sehr günstig auf den Allgemeinzustand aus. Gleichzeitig kann man leichte Stimulanzien zu sich nehmen, die sich in mäßigen Mengen günstig auf den meist niedrigen Blutdruck auswirken.

Aszendent im Löwen

Dieser Typ beeindruckt durch sein selbstsicheres Auftreten, meist unterstützt durch seine majestätische Kopfhaltung. Seine körperliche Präsenz ist stark, er kommt nicht, sondern er tritt auf. Ein gepflegtes Äußeres ist für ihn selbstverständlich, denn er möchte gefallen. Seinem Wesen haftet eine gewisse Dramatik an. Er neigt manchmal dazu, die Dinge ein wenig zu übertreiben, ganz einfach um mehr Aufmerksamkeit auf sich zu ziehen. Doch er hat auch eine romantische und sentimentale Note, denn seine Gefühle sind schließlich immer etwas Einmaliges. Etwas mehr Bescheidenheit würde ihm gut tun. Doch der Aszendent im Löwen verleiht auch die Gabe, Verantwortung für andere Menschen zu übernehmen und den Schwachen zur Seite zu stehen. In der größten Katastrophe können diese Menschen die Ruhe bewahren und sich für andere einsetzen. Wenn sie ihre Würde verletzt sehen, können sie sehr impulsiv werden und handeln, ohne Rücksicht auf Verluste.

KÖRPERLICHE MERKMALE: Dieser Aszendent prägt ein würdevolles Äußeres mit einer gut proportionierten, kraftvollen und breitschultrigen Statur. Der Gang ist aufrecht und stolz, oft mit königlicher Haltung. Der Kopf ist groß, besonders auffallend sind die schönen großen und ausdrucksvollen Augen mit stolzem Blick. Die Nase ist gut ausgebildet, manchmal sogar Teil eines recht scharf geschnittenen Profils. Die Kinnpartie ist gut ausgebildet, jedoch meist abgerundet. Der Haarwuchs ist stark, nicht selten haben Männer wie auch Frauen eine so genannte Löwenmähne. Auch gelocktes Haar mit einem goldenen Schimmer kann vorhanden sein.

Der Aszendent im Löwen kennzeichnet die Neigung zu Hitzewallungen. Ebenso können Kreislaufstörungen und Schwindelgefühle auftreten. Der gesamte Herzbereich verlangt eine liebevolle Aufmerksamkeit, beispielsweise durch ein respektvolles Verhalten anderer Menschen gegenüber. Aber auch ein gewisses Maßhalten in Bezug auf das Essen und Trinken erscheint notwendig. Man sollte extreme Belastungen auf jeder Ebene vermeiden, dies ist die beste Vorbeugung gegen Störungen im Gesundheitsbereich.

Aszendent in der Jungfrau

Dies ist ein Typ, der sich zurückhaltend gibt, gepflegt und dezent auftritt und durch sein Wissen und seine Intelligenz die Aufmerksamkeit auf sich zieht. Seine Gestik und seine Körperhaltung wirken meist kontrolliert, doch können kleine nervöse Marotten auf eine gewisse Unsicherheit schließen lassen. Die Umgangsformen sind meist gut. Der zeitweilige Perfektionismus, alles bis ins Detail planen zu wollen, verhindert manchmal das gesamte Projekt und erfordert von den Mitmenschen Nervenstärke. Mit einem Jungfrau-Aszendenten muss man sich um mehr Gelassenheit und weniger Selbstkritik bemühen, denn so wie man andere kritisch beobachtet, macht man auch vor sich selbst nicht Halt. Dieser Aszendententyp lässt sich oft zu wenig Zeit, um Eindrücke zu verarbeiten und entsprechend zu verdauen. So ist er manchmal etwas ruhelos und nervös, jedoch immer bemüht, ein dezentes Auftreten zu wahren. Die intellektuelle Veranlagung ist ausgeprägt und meist ist ein immerwährender Wunsch nach Weiterbildung vorhanden.

KÖRPERLICHE MERKMALE: Das Zeichen Jungfrau am Aszendenten bringt meist einen mittelgroßen, schlanken und gut proportionierten Habitus mit grazilen Gliedmaßen mit sich. Auffallend ist der rassige Kopf mit einem schönen, manchmal etwas puppenhaften Gesicht, einer hohen, gewölbten Stirn mit geradem Haaransatz – einer so genannten Denkerstirn. Neben einer feinen, manchmal leicht gebogenen Nase besitzen die ruhigen Augen zumeist einen charakteristisch abgeklärten, kühlen Blick, der allem auf den Grund zu gehen scheint, analytisch und ohne emotionale Anteilnahme. Das Haar wird in der Regel rasch grau. Die Körperhaltung ist zumeist vorgeneigt, manchmal fehlt dem Körper auch die nötige Spannkraft. In der Wesensäußerung ist dieser Typ eher verhalten.

Der Aszendent in der Jungfrau kennzeichnet die Neigung zu nervösen Verdauungsstörungen. Meist hängt dies mit dem enormen Anspruch zusammen, den diese Menschen an sich selbst stellen. Sie sollten sich daher ein wenig von der großen Verantwortung entlasten, die sie vor allem für andere übernehmen, dann dürfte es ihnen deutlich besser gehen. Ein Stück mehr Leichtigkeit im Leben würde ihnen auch gut bekommen. Gesunde Ernährung kann hier vieles bewirken. Auch Wandern tut gut, wobei man sich hierbei nicht ein zu großes Pensum auferlegen sollte.

Aszendent in der Waage

Freundlich, entgegenkommend und zuweilen sogar elegant, zieht dieser Typ die Sympathien auf sich. Meist auch körperlich eine harmonische oder gar attraktive Erscheinung, hat man hier doch den Eindruck, dass er alles Schöne schätzt und auch in Geschmacksfragen sicher ist. Er hat viel Sinn für Fairplay, weshalb man ihm diplomatische Fähigkeiten oder gar das Schlichten von Streitigkeiten zutraut. Meist ist er auch kreativ und künstlerisch und braucht eine ansprechende Umgebung, um sein inneres Gleichgewicht zu wahren. Er ist ein ästhetischer Typ, doch muss er sich manchmal darum bemühen, seinen Sinn für Stil und Geschmack nicht zum Lebensmittelpunkt werden zu lassen. So kaschiert man mit Etikette und Stilfragen unter Umständen menschliche Defizite. Um das perfekte äußere Bild abzurunden, sollte er sich außerdem um mehr Durchsetzungs- und Entschlusskraft bemühen, denn so manches Mal werden wichtige Entscheidungen hinausgezögert, bis es zu spät ist.

KÖRPERLICHE MERKMALE: Ein Aszendent in der Waage gibt eine mittelgroße bis große, geschmeidige Figur mit eleganter Prägung und weichen Konturen. Die gesamte Erscheinung ist harmonisch, das wohlgeformte, runde Gesicht besitzt schöne Züge, der Teint ist oft von besonderer Zartheit und erinnert an Porzellan, der Mund ist eher klein und wohlgeformt, die Nase fein geschnitten und gerade. Die Zähne sind bei diesem Aszendententyp meist auffallend gut. Sehr anmutig und besonders hübsch für Frauen dieser Prägung sind die zierlichen Hände. Mit zunehmendem Alter besteht auch bei diesem Typ eine Neigung zur Gewichtszunahme, die meist auch auf die ausgesprochene Genussfreudigkeit zurückzuführen ist.

Der Aszendent in der Waage kennzeichnet die Neigung, Entscheidungen auf die lange Bank zu schieben. Man wägt zu lange ab. Je länger man eine anstehende Entscheidung hinauszögert, umso eher neigt man zu Darm- und Nierenleiden.

Diese Menschen haben einen ausgeprägten Hang zu Harmonie, Ästhetik und Schönheit. Wenn sie dies übertreiben, dann könnte es sein, dass sie auf der Hautebene mit Unreinheiten zu rechnen haben, damit sie gezwungen sind, sich mit den inneren Verunreinigungen auseinander zu setzen, die mangels anderer Abflussmöglichkeiten über die Haut ausgeschieden werden. Sie sollten darauf achten, ob sie nicht manchmal an andere Menschen einen zu hohen Maßstab anlegen und dadurch immer wieder Distanz schaffen zwischen sich und anderen.

Aszendent im Skorpion

Zurückhaltend und sogar ein wenig geheimnisvoll erscheint diese Persönlichkeit ihrer Umwelt. Auffallend kann der intensive Blick sein. Die meisten spüren, dass sich ein analytischer Geist dahinter verbirgt. Ebenso lässt sich die Kraft erahnen und die Fähigkeit, gegen jede Ungerechtigkeit vorzugehen. Wo auch immer sein Wirkungskreis sein wird, er wird Missstände aufdecken. Aus diesem Grund schätzen konformistische und bequeme Zeitgenossen nicht unbedingt den Kontakt mit ihm. Er will seine Prinzipien nicht aufgeben, doch sollte er sich um eine kompromissbereitere Note bemühen, wenn er nicht im ständigen Kampf mit seiner Umwelt liegen möchte. Charakter- und willensstark, wie er ist, kann er für andere die Führung übernehmen. Dabei erwartet er unbedingte Loyalität. Auch im Privatleben duldet dieser Typ keine anderen Götter neben sich und vermutet manchmal schon Konkurrenz, wo gar keine ist.

KÖRPERLICHE MERKMALE: Körperlich prägt dieser Aszendent meist einen rassigen, eher muskulösen Körperbau von hoher, schlanker Statur. Ein markantes, fast eckiges Gesicht mit gebogener Nase bis hin zur Adlernase vermittelt einen Charakterkopf. Die Augen sind stets ein besonderes Merkmal. Sie besitzen eine fast hypnotische Ausdrucksweise und vermitteln eine breite Gefühlspalette – von der Kaltblütigkeit bis hin zum Jähzorn. Die Haare sind meist voll und von fester Struktur und erhalten ihre natürliche Farbe meist bis ins hohe Alter. Gelegentlich findet man bei diesem Aszendenten allerdings auch einen Typ mit langem Oberkörper und kurzen Beine, also eine so genannte Sitzgröße.

Der Aszendent im Skorpion kennzeichnet einen Menschen, der sich und anderen viel, meist zu viel zumutet. Der Unterschied zu denjenigen, die nicht skorpionisch geprägt sind, liegt darin, dass sie diese permanente Überforderung gewohnt sind und sich immer wundern, dass ihre Wegbegleiter so schnell zusammenbrechen. In Hinsicht auf Krankheiten werden sie immer wieder mit tieferen Schichten ihrer Natur konfrontiert, indem sie zu Infekten neigen, die schwer zu heilen sind, und sich oft als therapieresistent erweisen. Besonders die Geschlechts- und Ausscheidungsorgane sind anfällig für Störungen. Man kann dem entgegenwirken, indem man sich regelmäßig Schonung gönnt und nicht andauernd um etwas kämpft. Man sollte schwere Speisen meiden und auf natürliche Hygiene und Sauberkeit achten.

Aszendent im Schützen

Diese Persönlichkeit präsentiert sich gerne großzügig, aktiv und mit einem gewissen Idealismus. Ein hoch gewachsener Körperbau und ein zuweilen aristokratisch wirkendes Auftreten können zunächst eine gewisse Distanz schaffen, die aber durch die offene und freundliche Art schnell überbrückt wird. Da dieser Typ meist positiv gestimmt ist, mit einem gewissen philosophischen Hintergrund, lässt man sich gerne von ihm beraten oder folgt seinen Ideen. Man merkt, dass er um seine Unabhängigkeit bemüht ist und trotz einer gewissen Liebe zur Sicherheit niemals zum Sklaven gesellschaftlicher Zwänge wird. Manchmal besteht sogar ein Hang zu abenteuerlicher Lebensweise und Rastlosigkeit. Die Liebe zur Wahrheit wird von diesem Typ immer wieder propagiert, doch nicht selten wird seine direkte Art von anderen auch als Taktlosigkeit empfunden. Er kommuniziert gerne mit anderen Menschen, doch besteht immer die Neigung, andere von der eigenen Meinung überzeugen zu wollen.

KÖRPERLICHE MERKMALE: Der Aszendent in diesem Zeichen bringt in der Regel einen sportlichen Körper mit kräftigen Gliedmaßen mit sich. Hände und Füße können etwas groß sein. Ins Auge fallend ist der oft schön ausgebildete Langschädel mit hoher, freier Stirn, gerader Nase und schönen Augen mit einem offenen, freundlichen, aber auch selbstbewussten Blick. Der durch den Schütze-Aszendenten geprägte Typ zeigt sich, wie der Löwe-Aszendent, würdevoll, allerdings in einer distinguierteren Weise und weniger provokativ. Die Beine, insbesondere die Oberschenkel- und Hüftpartie können stark ausgeprägt sein. Die Bewegungen sind behände, teils mit einer robusten Note.

Der Aszendent im Schützen kennzeichnet eine starke Neigung zu Übertreibungen und zur Übersteigerung des Krafteinsatzes. Daher kann es zu Muskelverhärtungen und zu Stauungen im Leber/Galle-Bereich kommen. Wer sich oft von fetten Speisen ernährt, ist auch durch Rheuma und Gicht gefährdet. Eine fleischlose oder wenigstens fleischarme Kost ist hier sehr zu empfehlen. Außerdem tut eine lebhafte sportliche Betätigung in Gesellschaft gut, die verhindert, dass sich zu viel Energie im Körper staut und sich Fettpolster ansetzen. Man sollte auch darauf achten, möglichst viel Energie konstruktiv im seelischen Bereich einzusetzen. Mit innerer Ruhe kann man vielen Krankheitsgefahren am besten entkommen.

Aszendent im Steinbock

Sicher und gelassen gibt sich dieser Typ. Er präsentiert sich seiner Umwelt ernsthaft und überlegt, wobei auch seine physische Erscheinung meist etwas Ruhiges und Bedächtiges an sich hat. Man betraut ihn gerne mit Aufgaben, bei denen es auf Geduld, Gewissenhaftigkeit und Tiefgang ankommt. Meist ordnet er sich nicht gerne in ein Team ein. Sein Ehrgeiz und sein unbedingter Wunsch nach Aufstieg schaffen Abstand, den andere nicht schnell überwinden. Aus diesem Grund muss er sich um mehr Herzlichkeit bemühen. Er kann sehr nachdenklich sein und möchte Probleme auf den Grund gehen, doch er neigt auch dazu, viele Dinge zu komplizieren, wo es gar nicht notwendig ist. Er nimmt es eben sehr genau und lässt sich dabei Zeit, sein einmal anvisiertes Ziel zu erreichen. Er ist ein Spätzünder, aber auch ein Langstreckenläufer.

KÖRPERLICHE MERKMALE: Steinbock am Aszendenten bringt einen schlanken bis hageren, meist mittelgroßen Körperbau mit einem starken Knochengerüst mit sich. Das Gesicht ist eher schmal mit einem energischen, spitzen Kinn und blassem bis bleichem Teint. Die Lippen sind schmal, der Hals zuweilen sogar dünn und die Zähne können einige Defekte aufweisen. Die Haut kann spröde und trocken sein. Der Gesichtsausdruck ist oft abweisend und von einer gewissen Verschlossenheit. Die Bewegungen sind langsam, der Gang ist schwer. Im besten Falle schreitet man einher, aber niemals bewegt man sich hektisch oder nervös. Im Alter kann man sich allerdings eine gewisse Jugendlichkeit bewahren.

Der Aszendent im Steinbock kennzeichnet eine Neigung zu Verhärtungen, die sich äußerlich in Form von Verspannungen, vorwiegend im Rücken, zeigen. Dafür sind unter anderem innere Fixierungen und Verhärtungen der seelische Anlass. Man sollte also nicht nur zielstrebig an der Karriere arbeiten. Es ist wichtig, sich darin zu üben, sich in andere Menschen einzufühlen und Verhaltensweisen zu verstehen, die einem fremd sind. Wer seine Kontaktscheu überwindet, wird weniger von Hautkrankheiten heimgesucht. Wenn man flexibler auf die Umwelt reagiert und lernt, seelisch mehr zu ertragen, bleiben einem die schlimmsten Rückenschmerzen erspart.

Für diese Menschen ist es wohltuend, sich in frischer Luft zu bewegen, ohne sich mit anstrengenden Sportarten zu überfordern. Wandern ist besser als Jogging oder Squash. Regelmäßige Mahlzeiten sind besonders wichtig, um dem Körper zu zeigen, dass man aufmerksam für ihn sorgt. Zur regelmäßigen Entgiftung sind Mineralwasser, Kräutertees und frische Säfte anzuraten.

Aszendent im Wassermann

Mit diesem Aszendenten vermittelt man seiner Umwelt einen ungewöhnlichen, zuweilen sogar skurrilen Eindruck. Lebhaftes Gestikulieren beim Vortragen der eigenen, meist originellen Ideen und auffällige Kleidung mögen manchmal etwas eigenartig wirken. Man präsentiert sich freiheitsliebend, visionär und außergewöhnlich. Andere setzen deshalb häufig künstlerische und kreative Talente voraus. Kameradschaften spielen im Leben dieses Typs oft eine große Rolle, oft ersetzen Freundschaften sogar das Familienleben. Da man immer für alle da ist, muss man sich darum bemühen, seine Toleranz nicht zu weit auszudehnen. Dieser Aszendententyp hat seine Probleme mit Disziplin und Tradition, denn manchmal gehen ihm der Fortschritt und das Moderne über alles. Doch er ist auch sehr positiv gestimmt und lässt sich schnell für Neues begeistern. An besonderen Einfällen mangelt es ihm nicht, zuweilen hat er auch einen Hang zu spirituellen und esoterischen Themen.

KÖRPERLICHE MERKMALE: Dieser Aszendent zeigt sich durch eine hoch gewachsene, schlanke und breitschultrige Statur mit ebenmäßiger Silhouette. Der Oberkörper ist gut ausgeprägt, Frauen haben meist eine beträchtliche Oberweite. Lange Beine, insbesondere Unterschenkel sind ebenfalls die Regel. Die Kopfform ist ein klassischer Langschädel mit ausgeprägtem Hinterkopf. Das Gesicht ist schmal und ausgewogen mit sehr feinem Teint und ausdrucksvollen, stets wachen, aber kühlen Augen. Diese Menschen bewegen sich ruhig, um von einem Moment auf den anderen in hektische Unruhe zu verfallen. Das gesamte Erscheinungsbild ist jedoch von einer gewissen Originalität geprägt.

Der Aszendent im Wassermann kennzeichnet eine Neigung zu Unfällen jeglicher Art, weil man sich ungern nur auf eine Sache konzentriert und daher zu Fehlhandlungen im motorischen Verhalten neigt. Man kann das vermeiden, indem man sich zwingt, sich auf eine Handlung zu konzentrieren. Wenn das anfangs schwer fällt, kann man es als spielerische Übung betrachten.

Sollten die Nerven durch eine leichte Desorientierung und Fehlleistungen manchmal einen Streich spielen, so ist das kein Anlass zur Panik. Es handelt sich nur um ein Zeichen vorübergehender geistiger Überforderung: Man sollte die Aufgaben langsam und konzentriert angehen, dann verschwinden diese Symptome schnell. Außerdem sollte man darauf achten, den Körper nicht zu sehr zu strapazieren. Man schenke ihm aufmerksame Zuwendung in Form gesunder und regelmäßiger Ernährung und ausreichender Ruhe- und Schlafzeiten. Die Natur sorgt dann für Entspannung und Aufbau neuer Energien.

Aszendent in den Fischen

Intuitiv und voller phantasievoller Einfälle, macht dieser Typ meist einen sympathischen und menschlichen Eindruck. Große Durchschlagskraft vermittelt er jedoch nicht. Auch seine körperliche Präsenz wirkt eher verschwommen, meistens kann man sich erst nach mehreren Treffen an das Aussehen dieses Menschen erinnern. Er tritt meist leise und bescheiden auf. Wer nur auf laute Effekte reagiert, registriert ihn manchmal nur am Rande. So muss sich dieser Typ häufig um ein souveräneres Image bemühen.

Auf sozialer Ebene kann er viel leisten, denn er steht Hilfsbedürftigen gern zur Seite und kann dort oft ungeahnte Energien entwickeln, die ihm nicht selten fehlen, wenn er selbst einmal Hilfe benötigt. Er muss sich immer bemühen, seine Beeinflussbarkeit zu kontrollieren und seine wahren Bedürfnisse gegen dominante Typen durchzusetzen. Seine Sensibilität sucht ihresgleichen, zuweilen hat er ein sehr ausgeprägtes Ahnungsvermögen.

KÖRPERLICHE MERKMALE: Wenn das Zeichen Fische am Aszendenten steht, bringt dies meist eine körperliche Prägung mit wenig Widerstandsfähigkeit und einer mit den Jahren zunehmend dicklichen Figur mit sich. Arme und Beine sind oft ein wenig plump und nicht besonders schön. Das sanfte Gesicht hat eher verschwommene Züge und ein unterentwickeltes Kinn, einen blassen Teint und manchmal auch hervorquellende, wässrige Augen. Der Blick dieses Typus ist immer ein wenig verträumt, als würde er die direkte Umgebung nicht so genau wahrnehmen. Gesundheitlich sind diese Menschen, wenn nicht andere starke Horoskopfaktoren dagegen sprechen, meistens nicht besonders belastbar und eher anfällig.

Der Aszendent in den Fischen zeigt, dass man sich immer wieder von den inneren Traumwelten belebt oder verführt fühlt, besonders wenn man anstehenden Entscheidungen ausweichen will. Um leichteren Zugang zu diesen Welten zu erhalten, neigt man dazu, allerlei Stimulanzien zu nutzen, Genuss-, vielleicht auch Rauschmittel, was eine deutliche Suchtgefahr mit sich bringt, wenn nicht ein starker Wille und bessere Einsicht vor der Gewöhnung bewahren. Man sollte daher den exzessiven Gebrauch von Tabak, Kaffee und Alkohol meiden. Das innere Wachstum wird durch diese Reizmittel, trotz zeitweiligen Wohlgefühls, eher behindert als gefördert. Die dabei aufgenommenen Giftstoffe verbleiben im Körper und zeigen mit der Zeit eine belastende, sogar lähmende Wirkung.

Auf diese Weise werden der dem Fischezeichen eigene Hang zur Bequemlichkeit und die Flucht vor der Verantwortung nur verstärkt. Es empfiehlt sich daher, den inneren Heilungsprozess durch Fastenkuren zu unterstützen, die das Blut reinigen, aber in erster Linie den Kopf freimachen und gleichzeitig die Disziplin üben. Wanderungen in frischer Luft und Schwimmen ohne Leistungsdruck wirken sich hier wohltuend auf den Gesundheitszustand aus. Badekuren fördern den Lebensmut und die Energie und ermöglichen es diesen Menschen, sich wie ein Fisch im Wasser zu fühlen.

Das sechste Haus:
Was krank macht und was heilt

Das sechste Haus hat, ganz allgemein formuliert, etwas mit den Themen Existenzkampf und Anpassung an die Notwendigkeiten des Lebens zu tun. Die Bereiche dieses Hauses sind Arbeit einerseits und Krankheit und Heilung andererseits.

Das Tierkreiszeichen an der Spitze Ihres sechsten Hauses zeigt, wie Sie Ihre täglichen Pflichten anpacken, wo sich für Sie Problemstellungen ergeben können und wie eventuelle Krankheitsbilder aussehen. Aber es zeigt auch, was für Sie heilsam ist und wie Sie Krankheiten vorbeugen können.

Spitze des sechsten Hauses im Widder

PROBLEMSTELLUNGEN UND KRANKHEITSBILDER: Die Aufgaben werden energisch und zuweilen voller Ungeduld angegangen. Es muss sich etwas tun, man möchte die täglichen Pflichten aktiv anpacken und etwas leisten. Es besteht jedoch eine Neigung, mit der eigenen Kraft gnadenlos umzugehen. Allerdings nur dann, wenn man mit Überzeugung und Interesse hinter dem angestrebten Ziel steht. Die freiwillig gewählte Arbeit bildet eine positive Herausforderung, der sich diese Menschen gerne stellen. Sie lieben es, sich im täglichen Lebenskampf zu bewähren, und streben stets nach Anerkennung. Stellen sich jedoch keine Erfolge ein, verlieren sie die Geduld und suchen sich eine andere Betätigung. Am wenigsten können sie mit langweiligen und immer gleichen Tätigkeiten umgehen, Spannung und Kampf hingegen stimulieren sie zu noch größerer Leistung. Wenn man sich ihnen entgegenstellt oder ihre Schaffenskraft bremsen möchte, können sie ziemlich aggressiv bis rücksichtslos werden. Ihrem Körper verlangen sie große Kräfte ab, was sich in späteren Jahren durch verschiedene Verschleißerscheinungen bemerkbar macht, die sie wohl oder übel dazu veranlassen, kürzer zu treten.

Im Zusammenhang mit der Arbeit und den täglichen Aufgaben entwickeln sie ein hitziges Temperament, auch wenn das – durch andere

Horoskopfaktoren bedingt – vielleicht nicht so recht zum Ausdruck gebracht wird. Körper und Geist reagieren meist ziemlich heftig. Je mehr man dabei versucht, die Widder-Energien zurückzuhalten, desto mehr werden sie über Symptome abreagiert.

Hier können Entzündungen aller Art auftreten, die von heftigen Fieberschüben begleitet sind. Eine körperliche Schwachstelle kann der Kopf sein. Oft tritt ein intensiver Kopfschmerz auf, außerdem sind Zähne und Kiefer leicht in Mitleidenschaft gezogen. Ebenso sind Herpesbläschen an den Lippen keine Seltenheit. Alle diese Beschwerden treten zumeist plötzlich auf und nehmen einen stürmischen Verlauf. Danach erholen sie sich aber sehr schnell. Sollte eine Erkrankung einmal länger andauern, dann wird man rasch ungeduldig und kann die Genesung kaum abwarten. Das ist für den Heilungsprozess nicht gerade günstig! Wer seinen Ärger nicht so offen ausdrückt, wie es dem Zeichen Widder entspricht, bei dem führt der aufgestaute Zorn oft zu Gallenbeschwerden bis hin zu schmerzhaften Koliken.

VORBEUGEN UND HEILEN: Hier ist es wichtig, dass man es schafft, Aggressionen konstruktiv einzusetzen und Spannungszustände sinnvoll abzuführen, anstatt sie gegen die Mitmenschen oder gegen sich selbst zu richten.

Günstige Therapiemethoden sind bewegungsintensives Training wie Kraft- und Kampfsport, außerdem Bioenergetik. Überhaupt bietet körperliche Arbeit ein ideales Forum, um aufgestaute Aggressionen abzubauen und die eigene Fitness zu erhalten. Das Gewicht ist hier schnell zu beeinflussen und pendelt zuweilen energisch hin und her. Durch den großen Energieumsatz bleibt jedoch kaum Übergewicht haften.

Folgende Sätze eignen sich als *Affirmationen:* „Ich lasse die Vergangenheit freudig los. Ich genieße die Gegenwart. Ich habe viele angenehme Seiten. Ich muss nicht immer kämpfen, um geliebt zu werden. Ich liebe mich und die anderen Menschen. Ich betrachte mich und was ich tue mit den Augen der Liebe."

Spitze des sechsten Hauses im Stier

PROBLEMSTELLUNGEN UND KRANKHEITSBILDER: Bei der Bewältigung
der alltäglichen Pflichten und der Arbeit wird hier ein sicherer Rhythmus bis hin zu automatischen Vorgängen gewählt. Das Leistungsbaro-
meter ist stabil, man kommt seinen Aufgaben ruhig und besonnen nach
und lässt sich von äußeren Einflüssen kaum beeindrucken. Solange der
eigene Bereich gewahrt bleibt und alles in sicheren Bahnen läuft, ist die
verfügbare Kraft meist enorm. Zuweilen nimmt man Pflichten auf sich,
ohne ihren Sinn zu hinterfragen. In diesem Zeichen stehen Produktivität
und materieller Erfolg an erster Stelle. Man widmet sich der täglichen
Arbeit mit Geduld und Hingabe. Dabei bevorzugt man Tätigkeiten, bei
denen man etwas herstellen kann oder bei denen ein konkretes Resultat
sichtbar ist. Diese Menschen erreichen nicht mit Kampfgeist, sondern
mit ihrer steten Arbeitskraft meistens das, was sie wollen. Um sich
durchzusetzen, benutzen sie auch ihren Charme und ihre Verführungs-
künste. Außerdem können sie auch abwarten, bis die Dinge gereift sind.
Im schlimmsten Fall jedoch geraten sie in Wut und walzen alle Wider-
stände und Hindernisse nieder.

Am Körper und an der Gesundheit sind sie stark interessiert und sie
legen Wert auf eine gesunde und natürliche Ernährung. Probleme bringen gelegentliche Anfälle von Trägheit und Antriebslosigkeit. Auch bür-
den sie sich manchmal zu viel Verantwortung auf. Mit Stier an der Spitze
des sechsten Hauses zeigt man im Zusammenhang mit der Arbeit und
den täglichen Pflichten ein ruhiges, ausgeglichenes Verhalten. Kollegen
gegenüber verhält man sich durchaus auch einmal besitzergreifend.

Auf der körperlichen Ebene bilden Menschen, deren sechstes Haus
stierbetont ist, gern Fettpolster für Notzeiten, gegen die sie immer wieder
etwas unternehmen. Die Neigung zur Körperfülle betrifft vor allem
Männer schon früh, weil sie sich von Jugend auf gern leiblichen Genüssen
aller Art hingeben und sich nicht sonderlich gern körperlich anstrengen.

Was man sich einmal einverleibt hat, gibt man ungern wieder her. Das
betrifft leider auch Giftstoffe, die sich im Körper ansammeln können,

und Genussgifte, an denen man sich berauschen kann. Daher neigt dieser Typ gelegentlich zu schwer heilbaren chronischen Krankheiten. Der Erkrankte missachtet das Signal seiner Beschwerden und verharrt meist in den krankmachenden Umständen. In seinem Hang zur Gewohnheit ist er oft erst dann zur Umstellung bereit, wenn es schon zu spät ist, die Krankheit ganz auszuheilen. Hals und Kehlkopf sind oft von Husten und Heiserkeit betroffen und die Mandeln entzündet. Außerdem kommt es zu Drüsen- und Stoffwechselkrankheiten (Schilddrüse). Bedenkt man noch die für diese Horoskopkonstellation typische Halsstarrigkeit, dann bringt diese seelische Haltung auf körperlicher Ebene schmerzhafte Verspannungen im Schulter-Nacken-Bereich und das berüchtigte HWS(Halswirbelsäulen)-Syndrom mit sich.

VORBEUGEN UND HEILEN: Für diese Menschen sind lange Spaziergänge in der Natur – und das möglichst regelmäßig – unerlässlich. Die Disziplin beim Essen lässt meist ein wenig zu wünschen übrig, denn man liebt üppige und fette Speisen. Heilung erfährt dieser Typ nicht ohne eine gewisse Änderung seiner eingefleischten Gewohnheiten. Dazu muss er seine Abneigung gegen jede Neuorientierung über Bord werfen und seine Lebens- und Ernährungsgewohnheiten umstellen.

Günstige Therapiemethoden sind: Massagen, am besten mit duftenden Ölen, Aromatherapie und Diätkost, das heißt besonders Verzicht auf fette Speisen und Mäßigung bei alkoholischen Getränken.

Folgende Sätze eignen sich als *Affirmationen:* „Ich äußere mich freudig und frei – auch über mich selbst. Ich nutze meine Kreativität. Ich bin entschlossen, mein Leben zu verändern, trenne mich von Misstrauen und trügerischen äußeren Sicherheiten."

Spitze des sechsten Hauses in den Zwillingen

PROBLEMSTELLUNGEN UND KRANKHEITSBILDER: Hier muss sich ein abwechslungsreicher Alltag mit beweglichen Elementen organisieren lassen, sonst ist es mit der Energie schnell dahin. Kontinuierliche und immer wiederkehrende Arbeitsvorgänge wirken sich belastend auf die Lebensfreude aus. So ist der Arbeitsbereich dieser Menschen meist vielen Veränderungen unterworfen. Sie haben fast zu viele Interessen und Möglichkeiten, und manchmal probieren sie mehrere Berufe aus, bis sie eine zufrieden stellende Tätigkeit gefunden haben. Sie brauchen dabei viel Aktivität und menschliche Kontakte, die auf sie stimulierend wirken. Ihre Durchsetzungskraft gründet sich vor allem auf ihre Redebegabung und ihr großes Wissen. Sie möchten am liebsten alle Dinge ausdiskutieren. Ihre Gesundheit ist ihnen – außer bei schmerzhaften Erkrankungen – nicht so wichtig.

Bei einer Überbeanspruchung der Kräfte können Atemprobleme und nervöse Störungen auftreten. Oft sind auch Arme und Hände betroffen. Bei sitzender Tätigkeit, die für diesen Typ ohnehin ein Problem darstellt, sind nervöse Verdauungsstörungen möglich.

Mit dem Zeichen Zwillinge an der Spitze des sechsten Hauses verfügt man über eine rasche Auffassungsgabe, die sehr empfänglich für nervliche Störungen macht. Da diese Menschen sich vor allem über die sprachliche Kommunikation definieren, sind nicht selten Störungen der Sprache oder der Sprechorgane anzutreffen. Außerdem sind die Atmungsorgane, der gesamte Lungen- und Bronchialtrakt empfindlich. Durch die ihnen eigene innere Unrast sind auch Arme und Beine durch Verletzungen und Knochenbrüche gefährdet.

VORBEUGEN UND HEILEN: Abwechslung und Bewegung stellen hier die Grundbedingungen für einen glücklichen Alltag und somit ideale Lebensbedingungen dar. Eine positive Beeinflussung der Gesundheit ist zu erreichen, indem man die konstruktiven Elemente des Zeichens Zwillinge, Analyse und Verstand, einsetzt. Man sollte die Lage durchdenken und die Konsequenzen ziehen. Hingegen sollte man vermeiden, sich in zahllose Aktivitäten hineintreiben zu lassen und sich zu verzetteln. Stattdessen sollte man die Energie gezielt einsetzen. Dazu gehört auch, den Freundeskreis zu durchforsten nach Menschen, mit denen man sich fruchtbringend unterhalten kann, wodurch man lernt, mehr in die Tiefe zu gehen, gründlicher zu kommunizieren, Probleme zu lösen und die zwillingetypische Oberflächlichkeit abzulegen.

Günstige Therapiemethoden sind: Atem- und Bewegungstherapie, Therapien, bei denen Gedanken und Bilder eine Rolle spielen, wie Meditation, Logotherapie und autogenes Training.

Folgende Sätze eignen sich als *Affirmationen:* „Ich nehme die Fülle des Lebens in mich auf, ohne zu viel auf einmal zu wollen. Ich atme frei und genieße meine Leichtigkeit. Gedanken kommen und gehen wie Wolken am Himmel. Ich horche nach innen und fühle mich wohl."

Spitze des sechsten Hauses im Krebs

PROBLEMSTELLUNGEN UND KRANKHEITSBILDER: In diesem Zeichen sind die Bereiche Arbeit und Gesundheit stark von den Gefühlen abhängig. Die Arbeit muss zufrieden stellend und irgendwie kreativ sein. Eine gute menschliche Beziehung zu den Arbeitskollegen oder Vorgesetzten ist von entscheidender Bedeutung. Am liebsten arbeitet man in familiärer Atmosphäre in einem Team, das soziale, psychologische oder therapeutische Ziele anstrebt, denn man hat ein natürliches Gespür für die Leiden und Nöte anderer Menschen. Manchmal haben diese Menschen jedoch Mühe, sich bei anderen durchzusetzen und ihnen ihre Bedürfnisse und Wünsche mitzuteilen. Dann leiden sie vielleicht lange Zeit still vor sich hin und fressen alles in sich hinein. Übergewicht, Magen- und Verdauungsprobleme können eine Folge davon sein.

Auch neigen sie dazu, sehr empfindlich auf äußere Störungen zu reagieren. Alles, was die Gefühlswelt betrifft, wirkt sich körperlich und auf die berufliche Leistung aus. Der Magen könnte das sensibelste Organ eines Menschen sein, dessen sechstes Haus vom Zeichen Krebs geprägt ist. Dies hängt damit zusammen, dass er zu selten sagt, was ihm nicht passt, und es lieber in sich hineinfrisst. Das unverdaute Problem liegt dann schmerzhaft im Magen. Durch mehr Offenheit und Klarheit im Kontakt mit anderen Menschen, besonders wenn es etwas Belastendes ist, kann man dem entgegenwirken. Das fällt diesem Typ schwer, weil er immer wieder erwartet, die anderen müssten wissen, was in ihm vorgeht, und erkennen, dass er leidet.

Nicht ganz abwegig ist die Vermutung, dass hier zuweilen eine gewisse Lust am Leiden vorliegt. Schmerz und Leid werden auch deutlich gezeigt, mit der Absicht, Schuldgefühle bei den anderen zu erzeugen. Wer in seinem Horoskop Krebs an der Spitze des sechsten Hauses hat, muss lernen, Verantwortung für sich und sein Wohlergehen zu übernehmen, sich nicht von anderen abhängig zu machen und ihnen nicht die Schuld zuzuschieben.

Eine weitere körperliche Schwachstelle ist das Lymphsystem, das von großer Bedeutung für die körpereigenen Abwehrkräfte ist. Daher sind Infekte und Geschwülste begünstigt.

Vorbeugen und Heilen: Um das gesundheitliche Gleichgewicht zu halten, sollte man die Gefühle auf keinen Fall unterdrücken. Vielmehr gilt es die Gefühle und die Intuition als eine echte Stärke anzusehen. Man suche sich eine Aufgabe, die die menschliche Seite zum Klingen bringt. Außerdem sollte man nach Möglichkeit in der Freizeit die Nähe des Wassers suchen. Der Blick auf einen See oder gar auf das Meer kann geradezu Wunder wirken. Auch das Schwimmen im Meer, Segeln und jegliche Form des Wassersports können sich positiv auf die Gesundheit auswirken.

Günstige Therapiemethoden sind: Thalassotherapie, ausgedehnte Massagen, Lymphdrainage, katathymes Bilderleben. Vitamin- und mineralstoffreiche Kost versteht sich von selbst, ebenso wie die Reduzierung von Fett, damit die Schwere des Körpers sich nicht auch noch auf die Stimmung schlägt.

Folgende Sätze eignen sich als *Affirmationen*: „Ich erfreue mich täglich neu am Leben und schenke anderen Menschen meine Warmherzigkeit. Ich verdaue meine Probleme mit Leichtigkeit. Ich liebe und akzeptiere mich. Ich bin einmalig und vertraue meinen Gefühlen."

Spitze des sechsten Hauses im Löwen

PROBLEMSTELLUNGEN UND KRANKHEITSBILDER: Die täglichen Pflichten werden hier so manches Mal mit einem gewissen Murren akzeptiert, soll doch der eigenen Arbeit der Hauch der Einmaligkeit anhaften. Gewöhnliche oder gar niedrige Arbeiten versucht man möglichst zu delegieren, denn schließlich ist man zu Höherem geboren. Anstrengende Arbeit ist einfach nicht gefragt, und man möchte ohnehin die wertvolle Zeit nicht mit so „unwichtigen Dingen" wie dem Geldverdienen belasten. Da aber Geld die Welt regiert und Lebensgenuss zuweilen ein recht teurer Spaß ist, legt man Wert darauf, mit möglichst geringem Aufwand möglichst viel zu verdienen. Aber auch leitende Positionen oder andere verantwortungsvolle Tätigkeiten sind gefragt, bei welchen man die eigene Persönlichkeit stärken und täglich unter Beweis stellen kann.

Deshalb findet man bei dieser Konstellation auch Berufe, die eine öffentliche Anerkennung mit sich bringen, wie zum Beispiel die Schauspielerei, Musik, Tanz und Spitzensport. Diese Menschen scheuen kein Risiko und haben kaum Schwierigkeiten, sich bei anderen durchzusetzen. Der Raum, den sie beanspruchen, ist sehr ausgeprägt, und manchmal bedrängen sie andere Menschen mit ihrer starken Schaffenskraft so sehr, dass Machtkämpfe unausweichlich bleiben.

Großzügigkeit ist ein weiteres wichtiges Stichwort. Doch möglicherweise fordern sie Großzügigkeit mehr für sich als für andere, und wenn man sie darauf aufmerksam macht, dann werden sie vielleicht darauf beharren, dass dies nicht stimmt. Dann sollten sie sich fragen, ob sie auch großzügig sind, wenn andere ihnen nicht ihren Willen lassen. Diese innere Freigebigkeit und Freizügigkeit auch den Mitmenschen zukommen zu lassen ist wesentlich für ihr seelisches und körperliches Wohlbefinden.

Auf gesundheitlicher Ebene ist bei ihnen am ehesten das Herz gefährdet, das sie daher nicht überbeanspruchen sollten. Das Löwe-Herz hat ein starkes Bedürfnis nach Lebenslust. Wer mit dieser Häuserstellung jedoch sein Herz verschließt, dem verkrampft und verhärtet es sich, und es kommt zu Störungen im Bereich von Herz und Kreislauf.

Das beste Heilmittel ist es, liebevoll sein Herz zu öffnen und viel Energie für das Wohl anderer Menschen einzusetzen. So wird man nicht engherzig und bekommt zugleich genug Anerkennung von außen. Man sollte auch Verantwortung für die Schwachen übernehmen und somit das Selbstvertrauen stärken.

Günstige Therapiemethoden sind: Chakra-Übungen, Bioenergetik, Gestalttherapie, Farbtherapie, Kneipp-Kuren, Psychodrama, aber auch Schauspiel- und Sprechunterricht.

Folgende Sätze eignen sich als *Affirmationen:* „Mein Herz schlägt im Rhythmus der Liebe. Ich verströme meine Lebensfreude und schenke sie anderen Menschen. Liebevoll lasse ich Freude durch mich fließen. Ich fördere andere, so gut ich kann."

Spitze des sechsten Hauses in der Jungfrau

PROBLEMSTELLUNGEN UND KRANKHEITSBILDER: Mit diesem Zeichen erhält der Bereich der Arbeit, des Dienens und der Gesundheit eine besondere Bedeutung. Pflichtbewusstsein wird hier groß geschrieben, nicht selten gegen die eigenen Interessen. Arbeiten in größeren Betrieben und Institutionen, Tätigkeiten im Haushalt, Aufopferung im sozialen Dienst, Pflege von Kranken und Erziehung von Kindern sind die bevorzugten Aktivitäten. Das Geldverdienen ist eher Nebensache, auch wenn diese Menschen genau rechnen können, sparsam sind und vermutlich exakt Buch führen. Ihre Durchsetzungskraft ist unterschiedlich: In Gebieten, die ihnen wichtig sind, können sie sich mit Leib und Seele für ihre Rechte einsetzen – gegenüber Autoritäten und starken Persönlichkeiten ziehen sie jedoch oft den Kürzeren. Ihre exakte, sorgfältige, manchmal fast pedantische Arbeitsweise mag manchmal kritisiert werden, wenn es auf Schnelligkeit und Leistung ankommt.

Auch die Gesundheit ist ihnen sehr wichtig: Sie achten streng auf richtige Ernährung, Hygiene und Sauberkeit. Verdauungs- und Darmprobleme können eine Folge übermäßigen Stresses oder einer nicht angemessenen Arbeit sein. Sie wissen, dass ein gesunder Körper einen gesunden Geist und eine bewusste Lebensführung voraussetzt. Doch sollten sie es nicht übertreiben: Allzu leicht wird man hier zum Gefangenen seiner Systeme und selbst auferlegten Beschränkungen.

Ihre körperliche Schwachstelle ist der Darm. Auf psychische Belastungen reagieren sie oft mit Darmgrimmen. In der Folge sind vielerlei ähnliche Beschwerden denkbar: Darmentzündungen und Durchfälle, auch Vergiftungen. Die Geschlechtsorgane können ebenfalls einbezogen sein. All dies hängt zusammen mit dem Bedürfnis nach Reinlichkeit und Sauberkeit. Wer diese nur äußerlich betreibt, der wird durch Darmbeschwerden darauf hingewiesen, die Aufmerksamkeit auch auf die innere Reinigung zu richten.

Vorbeugen und Heilen: Hier ist es wichtig, die Lebensstrukturen zu klären, die man sich im Lauf der Zeit geschaffen hat, und zu prüfen, ob die äußere Lebensführung mit der inneren Motivation und mit den Ansprüchen an das Leben übereinstimmt. Je mehr man für diese Übereinstimmung sorgt, umso weniger braucht man körperliche Beschwerden zu befürchten. Man sollte vor allem versuchen, mehr Gelassenheit in den Alltag zu bringen und sich vom Perfektionismus zu befreien. Wenn man ordnende, aber auch heilende Strukturen in das Umfeld einbringt, wird man den eigenen Vorstellungen am besten gerecht.

Günstige *Therapiemethoden* sind: Heilfasten, Meditation, Homöopathie, Aromatherapie und Maltherapie.

Folgende Sätze eignen sich als *Affirmationen*: „Ich nehme neue Erfahrungen freudig in mich auf und verarbeite sie unbeschwert. Es ist gut, ganz gelassen zu sein. Ich nehme die Vielfalt der Welt in mein Leben auf."

Spitze des sechsten Hauses in der Waage

Problemstellungen und Krankheitsbilder: Hier braucht man einen harmonischen Alltag mit Möglichkeiten zur Kreativität und der Beschäftigung mit schönen Dingen. Harte Arbeit möchte man in der Regel vermeiden, denn man liebt mehr den Lebensgenuss und das leichte

Leben. Auch Freundschaften und Partnerschaften werden dafür eingesetzt, beruflich vorwärts zu kommen. Diese Stellung bringt aber auch viele Möglichkeiten, auf engagierte Weise zum Erfolg zu kommen. Oft spielen die großen sprachlichen und psychologischen Kenntnisse oder das Kunstverständnis eine wichtige Rolle. In jungen Jahren strapaziert man seine Gesundheit öfters mit unvernünftiger Lebensweise, was sich später durch verschiedene Abnutzungserscheinungen rächt.

Mit Waage an der Spitze des sechsten Hauses ist das Empfinden für Harmonie am Arbeitsplatz ausgeprägt. Daher fällt es diesen Menschen meist auch schwer, sich bei Konflikten am Arbeitsplatz zu behaupten, denn sie streben friedliche Lösungen an und neigen zu Kompromissen, auch wenn eindeutige Entscheidungen glücklicher wären. Oft hätten sie es wohl lieber, dass ein anderer die Entscheidung herbeiführt, damit ihnen nicht der schwarze Peter zufällt. Manchmal entziehen sie sich ihren Problemen durch Krankheit.

Die körperlichen Schwachstellen sind die Harnwege, Nieren und Blase. Bleiben Beschwerden in diesem Bereich zu lange unbehandelt, kommt es leicht zu hartnäckigen Infektionen der Blase, zu Nierenleiden oder zu Störungen im Hormonhaushalt. Die Lösung solcher gesundheitlichen Probleme setzt oft voraus, dass die sozialen oder existenziellen Probleme gelöst werden. Dazu könnte fremde Beratung oder Hilfe zur Selbsthilfe nötig werden. Auch die Haut reagiert bei Menschen mit dieser Konstellation leicht, weshalb sie Seifen, die nicht oder nur schwach parfümiert sind, und allergenfreie Kosmetika verwenden sollten.

VORBEUGEN UND HEILEN: Um das Wohlbefinden regelmäßig wiederherzustellen ist es wichtig, in einer ästhetischen und harmonischen Atmosphäre Entspannung zu suchen. Farben und Formen, die dem persönlichen Geschmack entsprechen, können sich positiv auf die Psyche auswirken.

Günstige Therapieformen sind: Kunst- und Musiktherapie, leichte Gymnastik sowie besonders sanfte Massagen und Hautbürstungen.

Folgende Sätze eignen sich als *Affirmationen:* „Ich gleiche mich innerlich aus. Ich lebe in Frieden mit meiner Umgebung. Ich lasse mich gern auf neue Erfahrungen ein. Ich allein bin verantwortlich für mein Wohlergehen."

Spitze des sechsten Hauses im Skorpion

PROBLEMSTELLUNGEN UND KRANKHEITSBILDER: Diese Menschen wollen ihren Alltag möglichst sinnvoll gestalten. Sie bemühen sich um eine eher ungewöhnliche oder unkonventionelle Aufgabe. Wenn sie etwas anpacken, dann tun sie es gründlich, denn oberflächliche Beschäftigungen sind ihnen ein Gräuel. Musische, literarische und künstlerische Tätigkeiten findet man hier recht häufig, aber auch wissenschaftliche Arbeiten sowie Jobs im EDV-Bereich. Auch wenn sie einen sehr eigenwilligen Arbeitsstil haben und mehr zum Einzelgänger tendieren, sind ihnen die emotionalen Beziehungen zu Kollegen und Vorgesetzten wichtig. Teamarbeit ist für sie nur dort möglich, wo eine heitere und gute Arbeitsatmosphäre herrscht. Krisen, innere Unzufriedenheit und Spannungen mögen dazu führen, dass sie den Job mehrmals wechseln. Sie können sich jedoch meist durchsetzen, manchmal mit Hilfe ihrer treffsicheren Zunge, manchmal mit Hilfe ihres großen Repertoires an psychologischen Tricks. Sie verspüren immer wieder das Verlangen nach tief greifenden und grenzüberschreitenden Erlebnissen. Sie sind stets auf der Suche nach den Mysterien des Lebens und lassen sich durch nichts aufhalten. Darum neigen sie auch dazu, sich selbst zu überfordern und manchmal auch andere.

Der Bereich der Erotik und der Sexualität ist für sie ein stark regenerierendes Energiefeld. Dementsprechend sind ihre körperlichen Schwachstellen im Bereich der Geschlechtsorgane zu finden. Wenn es dort zu Erkrankungen kommt, so hat das nichts mit irgendwelchen Verfehlungen oder mit Perversion zu tun, vielmehr damit, dass ihnen durch eine entsprechende Erkrankung klargemacht werden könnte, dass auf dem Gebiet des Sexualverhaltens eine Fehlsteuerung, ein Zuwenig oder ein

Zuviel vorliegt. Vielleicht besteht die Furcht, sich der Macht des Erotischen auszuliefern, und die Neigung, alles, was damit zusammenhängt, systematisch zu verdrängen. Oder wir finden hier das andere Extrem, dass sie nämlich diesen Bereich zu hoch bewerten, was ihnen den Blick für andere Dinge verstellt und sie auf eine rastlose Suche nach dem Glück schickt.

VORBEUGEN UND HEILEN: Man sollte in jedem Fall vermeiden, sich auf Machtkämpfe mit anderen einzulassen, und ~~statt~~dessen souverän bleiben. Oft müssen diese Menschen lernen, nicht in jeder Bemerkung anderer einen persönlichen Angriff zu sehen. Sie sollten ihr psychologisches Geschick nutzen und auf ihre instinktiven Kräfte vertrauen, dann lassen sich viele Beschwerden vermeiden.

Günstige Therapiemethoden sind: sehr heiße Anwendungen von Sauna und Fangopackungen, Fasten und Schröpfen. Um alte Gedankenmuster loslassen zu können, ist unter Umständen eine Psychotherapie angebracht. Kampfsport kann ein nützliches Ventil darstellen.

Folgende Sätze eignen sich als *Affirmationen:* „Ich muss nicht stets über alles die Kontrolle behalten. Ich muss nicht immer kämpfen. Ich kann mich bei einem geliebten Menschen fallen lassen. Ich gehe mit meinen Partnern einfühlsam und liebevoll um."

Spitze des sechsten Hauses im Schützen

PROBLEMSTELLUNGEN UND KRANKHEITSBILDER: Hier sollte der Alltag Grenzenlosigkeit und möglichst auch ein bisschen Abenteuer bieten. Diese Menschen brauchen eine Arbeit, bei der sie frei und ungebunden sind und ihren großen Bewegungsdrang ausleben können. Langweilige und untergeordnete Arbeit nervt sie, denn sie suchen die Herausforderung und möchten immer wieder etwas Neues dazulernen. Von der Reiseleiterin über alle Lehrberufe bis hin zum Tüftler und verkannten Genie finden sich hier die unterschiedlichsten und gegensätzlichsten Berufe, denen jedoch eines gemeinsam ist: Freiheitliches und eigenständiges

Denken geht über alles! Dass dies einer soliden finanziellen Basis nicht immer förderlich ist, versteht sich fast von selbst. So findet man hier gleichermaßen die absoluten Erfolgstypen wie auch die steten Verlierer und Versager, jedoch keine „Durchschnittsmenschen".

Die Gesundheit wird kaum geschont, und oft schlägt man auf die eine oder andere Weise über die Stränge: Stress wird mit Kaffee und Rauchen „bekämpft", Schlaf wird häufig als Zeitverschwendung angesehen und Entspannungsferien sind in den Augen dieser Menschen nur etwas für Kranke und Gebrechliche. In späteren Jahren können sich deshalb leicht Nerven- und Energieprobleme einstellen. Wenn sie von etwas begeistert sind, gibt es kein Halten mehr. Dabei nehmen sie sich häufig zu viel vor. Wenn sie nicht selbst rechtzeitig die Bremse einlegen, geschieht es durch andere oder durch die Umstände. Auch eine Krankheit kann sie vom Höhenflug auf den Boden der Tatsachen zurückführen. Das Zeichen Schütze an der Spitze des sechsten Hauses macht zur Unmäßigkeit und zur körperlichen Fülle geneigt, und so können Stoffwechselprobleme, Leberleiden und Übergewicht auftreten.

Körperliche Schwachstellen, die durch alltägliche Belastungen besonders reagieren können, sind Hüfte und Oberschenkel. Außerdem besteht eine Neigung zu rheumatischen Krankheitsformen, was durch Übergewicht noch verstärkt wird. Darum empfehlen sich hier leicht verträgliche Speisen (leichte Vollwertkost, Obst und Gemüse).

VORBEUGEN UND HEILEN: Ab dem Moment, wo sie beginnen, sich zu disziplinieren, wird eine deutliche Besserung des Zustands eintreten. Das einfachste Mittel dazu ist, nicht üppig und nicht zu später Stunde zu essen. Auch das Naschen zwischendurch muss gezügelt werden. Diese Kalorien zählen nämlich bei diesen Menschen doppelt! Der Alkoholkonsum sollte ebenfalls eingeschränkt werden. Überhaupt sollte man hier alles vermeiden, womit man Raubbau an der Gesundheit betreibt. Man sollte bedenken, dass auch der größte Abenteurer nur ein Mensch ist und ebenso seine Ruhepausen braucht. Um dem Wunsch nach Abenteuern nachzukommen, sollte man sich hinaus in die Natur begeben. Auch die Verantwortung für ein Tier kann hilfreich sein, beispielsweise für ein Pferd oder einen Hund.

Günstige Therapiemethoden sind: Bioenergetik, Yoga, bewegungsorientierte und sportliche Körperübungen, Radfahren.

Folgende Sätze eignen sich als *Affirmationen:* „Ich bin im Gleichgewicht. Ich plane mein Leben mit Maß und Ziel. Ich erfreue mich meiner Vitalität. Ich muss mir und anderen nicht dauernd etwas beweisen. Ich übe mich in Geduld."

Spitze des sechsten Hauses im Steinbock

PROBLEMSTELLUNGEN UND KRANKHEITSBILDER: Voller Pflichtbewusstsein und Anspruch an die eigenen Leistungen nehmen diese Menschen die Herausforderung des Alltags an. Sie haben Ambitionen, und auch ein Ehrgefühl in Bezug auf ihre Arbeit spielt eine wichtige Rolle. Sie möchten immer gerne der oder die Beste von allen sein. So bemühen sie sich in der Regel schon in jungen Jahren um eine fundierte und Erfolg versprechende Ausbildung und streben bald nach Amt und Würden, möglichst in leitender Position. Gerne sind sie anderen ein gutes Vorbild, doch gelegentlich sind sie auch recht rücksichtslos, wenn es darum geht, ihre eigenen Interessen zu vertreten. Mit dieser Stellung geht man im Leben kaum unter und kann mit Geduld und Durchhaltevermögen auch härtesten Schicksalsschlägen begegnen und sie zum Guten wenden.

Gesundheitlich ist man sehr robust und achtet stark auf eine gesunde, gelegentlich fast asketische Lebensweise. Probleme können sich im Bereich der Knochen, Gelenke oder Arterien einstellen.

Menschen mit Steinbock an der Spitze des sechsten Hauses haben meist klar umrissene Vorstellungen, wie ihr Leben abzulaufen hat. Beruflich brauchen sie feste Strukturen. Das geht stets mit hohen Ansprüchen an sich und an andere einher. Da sie aber oft die Erfahrung machen müssen, dass andere längst nicht so zuverlässig und arbeitseifrig sind wie sie, laden sie sich zumeist die ganze Last der Verantwortung auf, um sicher zu sein, dass alles in ihrem Sinne erledigt wird. So tragen sie die ganze Last auf Schultern und Nacken, die damit zu ihren besonderen Schwachstellen werden. Kreuz- und andere Rückenschmerzen sowie Nackenverspannungen sind ein sicheres Zeichen dafür, dass sie sich zu hartnäckig (!) an etwas festgebissen haben.

VORBEUGEN UND HEILEN: Je eher man hier lernt, Arbeiten zu delegieren, Misstrauen loszulassen und einen Teil der Verantwortung abzugeben, desto eher wird sich auch der Rücken entspannen. Auch die Neigung zu Verhärtungen und Versteifungen lässt dann deutlich nach. Generell sollte man die innere Einstellung ändern und das Leben leichter nehmen.

Günstige Therapiemethoden sind: Bioenergetik, Yoga, Gymnastik, Physiotherapie, bewegungsorientierte und sportliche Körperübungen wie Bergwandern und Schwimmen. Als Massageform ist das Rolfing-Verfahren zu empfehlen.

Folgende Sätze eignen sich als *Affirmationen:* „Ich übe mich in Flexibilität. Es gibt viele Arten, ein Problem zu lösen, viele Möglichkeiten, sein Leben zu gestalten. Ich muss nicht immer stark sein. Ich zeige Mitgefühl. Ich verzeihe anderen Menschen – und mir selbst."

Spitze des sechsten Hauses im Wassermann

PROBLEMSTELLUNGEN UND KRANKHEITSBILDER: Hier besteht zum Alltag, zur Arbeit und zur Gesundheit eine eher unkonventionelle Einstellung. Diese Menschen lieben die Abwechslung und greifen gerne neue Ideen auf, die sie dann hartnäckig und voller Idealismus verfolgen. Meist sind sie eigenwillig und gelegentlich etwas dogmatisch. Ihr Sinn strebt nach Höherem, ihr Blick ist in die Zukunft gerichtet. Manche können daraus auch Kapital schlagen und große Erfolge erlangen, während andere sich in lebensfernen Träumen verlieren. Menschen mit Wassermann an der Spitze des sechsten Hauses können ihre Mission in einer künstlerischen Aufgabe sehen, aber auch in einer Tätigkeit, die einen gesellschaftsbetonten Hintergrund hat. Allerdings spüren sie in beruflicher Hinsicht immer wieder Zustände innerer Unruhe. Um sich wohl zu fühlen, brauchen sie regelmäßige Veränderungen und Zukunftsvisionen, die sie tatkräftig realisieren können. Ohne eine solche Perspektive geraten sie ins Trudeln. Mit einem festen Ziel hingegen können sie voller Eifer an ihre Aufgaben herangehen, wobei sie sich vielleicht vor lauter Besessenheit unter Hochspannung setzen.

Ihre Rastlosigkeit kann zu Schlaflosigkeit führen, aber auch zu Gliederzittern, Muskelzucken und Wadenkrämpfen. Im Extremfall ist eine Neigung zu krampfartigen, epilepsieähnlichen Anfällen erkennbar, wenn nämlich die nervliche Überreizung zu stark wird.

VORBEUGEN UND HEILEN: Darum sollten sie sich eine gewisse Form der geistigen und körperlichen Disziplin auferlegen. Man kann lernen, sich nicht zu verzetteln. Es klappt ja doch nicht, mehrere Aufgaben gleichzeitig zu erledigen. Auch der Körper braucht Pausen in der Hektik des Alltags. Man sollte für Inseln der Ruhe sorgen, auf die man sich zurückzieht, um den überlasteten Geist entspannen zu können.

Günstige Therapiemethoden sind: Autogenes Training, Reiki, Tai Chi und Bewegungsmeditationen.

Folgende Sätze eignen sich als *Affirmationen:* „Ich kommuniziere mit Leichtigkeit und Freude. Ich biete meine Gedanken anderen Menschen an, muss aber nicht ständig belehren und missionieren. Auch wenn ich selbst bewusst nichts tue, geschieht dennoch sehr viel Gutes. Ich genieße die Ruhe in mir und mit anderen."

Spitze des sechsten Hauses in den Fischen

PROBLEMSTELLUNGEN UND KRANKHEITSBILDER: Mit diesem Zeichen an der Spitze des sechsten Hauses verbindet man das Alltägliche und den Bereich der Arbeit gerne mit spirituellen und psychologischen Interessen: Lehr- und Fürsorgeberufe sind genauso beliebt wie therapeutische, seelsorgerische oder soziale Tätigkeiten, bei denen diese Menschen ihr starkes Mitgefühl (und manchmal auch ihre medialen oder heilerischen

Fähigkeiten) voll einbringen können. Über Durchsetzungsvermögen, das in unserer stress- und wettbewerbsorientierten Wohlstandsgesellschaft oft unerlässlich ist, verfügen sie jedoch kaum. Öfters nutzt man Sie aus und verwechselt ihre Hingabe und Opferbereitschaft mit Schwäche. Daraus kann bei ihnen manchmal der Wunsch nach Flucht aus der Lebensrealität entstehen, die sie unter Umständen mit Hilfe von Drogen, Medikamenten, Alkohol, aber auch mit absonderlichen Hobbys, Tagträumen, Kino, Fernsehen und Ähnlichem zu bewerkstelligen suchen. Die finanziellen Verhältnisse sind deshalb oft genauso verworren wie der allgemeine Gesundheitszustand: Obwohl viele psychosomatische Symptome und emotionale Probleme den Lebensweg kennzeichnen, ist die allgemeine Gesundheit doch erstaunlich zäh und kraftvoll.

Weil man mit dieser Konstellation immer wieder dazu neigt, alles Leid der Welt auf sich zu nehmen, weil man so einfühlsam ist und für alles Verständnis aufbringt, zieht man sorgenbeladene Menschen geradezu an und bringt ihnen das Gefühl von Verständnis und sogar Geborgenheit entgegen. Dem muss man selbst Grenzen setzen, damit man nicht ausgenutzt wird und zusammenbricht.

Hier kann es zu Vergiftungserscheinungen aller Art und vielerlei Infektionen kommen, was oft damit zusammenhängt, dass man sich vor dem emotionalen Müll der anderen nur unzureichend schützt, wodurch das Immunsystem belastet wird. Außerdem sind die Füße eine Schwachstelle, und man sollte darauf achten, sie warm zu halten, denn allzu schnell ist man nicht nur fußmüde, sondern auch erkältet. Wer dazu tendiert, in die himmlischen Sphären seiner Traumwelten zu entschweben, anstatt mit beiden Füßen auf dem Boden zu bleiben, den fordern Fußbeschwerden dazu auf, für Bodenständigkeit und Beständigkeit zu sorgen – vor allem im emotionalen Bereich, der viel Schutz und Abschirmung verlangt.

VORBEUGEN UND HEILEN: Hier muss man sich selbst viel Zuwendung schenken und auf die innere Stimme hören, dann kann man auch für andere Menschen segensreich wirken und diesen sein therapeutisches

Talent zukommen lassen. Man sollte sich ganz bewusst Zeit für sich gönnen, in der man sich ganz und gar zurückzieht und den eigenen Gedanken und Träumen nachhängt.

Günstige Therapiemethoden sind: Physikalische Therapie mit Anwendungen von warmem Wasser, Mineral- und Heilwässer, das Aufsuchen von Ruhe- und Kraftplätzen, um Energien zu schöpfen (hervorragend geeignet: die Insel Ischia mit ihren heißen, vulkanischen Quellen), Bach-Blüten und Homöopathie.

Folgende Sätze eignen sich als *Affirmationen*: „Ich bewege mich mit Freude und Leichtigkeit voran. Ich stelle mich den Herausforderungen des Lebens. Ich setze meine spirituelle Erfahrung in dieser Welt ein. Ich schenke meine Liebe aller leidenden Kreatur."

Das achte Haus:
Der Umgang mit Wandlungsprozessen

Das achte Haus umfasst folgende Themen: Wandlungsprozesse, unsere Haltung zum Tod, mögliche Interessen an Psychologie, Spiritualität, Esoterik, Okkultem, aber auch wie wir uns zu Staat und Gesellschaft verhalten. In beiden Bereichen geht es um etwas, was größer ist als das Individuum. Können Sie Halt in einer höheren Ordnung finden – sei dies unser Staat oder ein Glaubenssystem, dem Sie anhängen? Oder lehnen Sie es ab?

Das Tierkreiszeichen an der Spitze des achten Hauses sagt etwas darüber, wie Sie sich zu diesen Themen verhalten.

Spitze des achten Hauses im Widder

Mit diesem Zeichen fallen einem das Loslassen und die innere Wandlung eher schwer, da die Kräfte des Widders nach diesseitiger Eroberung und Ich-Durchsetzung drängen. Das ist das Gegenteil von dem, was die Thematik des Hauses fordert. Sich an die Normen und Verbote von Staat und Gesellschaft anzupassen fällt ebenfalls schwer, weshalb man sich leicht hin und wieder in den Maschen der Gesetzgebung verheddert.

Außerdem besteht oft die Neigung, den Bereich des Todes weitgehend zu verdrängen, solange man im Leben nicht ganz konkret damit konfrontiert wird, beispielsweise durch den Tod eines nahe stehenden Menschen. Verzicht leistet man fast nur unter Druck oder unter dem Zwang des Schicksals. Esoterische Interessen sind in der Regel nicht sehr ausgeprägt. Falls solche trotzdem vorhanden sind, beispielsweise weil andere Horoskopfaktoren darauf hindeuten, ist es wichtig, den richtigen Stellenwert des eigenen Egos zu finden. Andernfalls besteht die Gefahr, dass man spirituelle Kräfte missbraucht.

Spitze des achten Hauses im Stier

Mit diesem Zeichen sind die höheren Interessen sehr diesseitig ausgerichtet. Auf materiellen Wohlstand kann man hier kaum verzichten, und neben allen spirituellen Interessen spielen Lebenskomfort und sinnlicher Genuss immer eine wichtige Rolle. Die Tendenzen, sich beispielsweise mit Hilfe von Versicherungen abzusichern, können ausgeprägt sein, doch muss man gerade dann oft die Erfahrung von Verlusten machen. Daher ist es wichtig, sich über den wahren Wert materieller Dinge klar zu werden und gegenüber der Welt der Materie und des Geldes eine möglichst losgelöste, unverkrampfte Haltung zu gewinnen. Die Haltung zu Gesetzen und Normen ist hingegen positiv. Man kann sich meist problemlos anpassen und in die Gesellschaft einordnen. In esoterischen Belangen ist man eher misstrauisch und glaubt jedenfalls nicht einfach, was nicht real greifbar ist. Zuerst will man die Gesetzmäßigkeiten verstehen, die unsere Welt im Verborgenen lenken und zusammenhalten, und diese so gut wie möglich bewiesen haben. Das ist allerdings eine sehr nüchterne Einstellung zu den letzten Dingen des Lebens, die einem kaum Halt in einer spirituellen Ordnung vermitteln kann.

Spitze des achten Hauses in den Zwillingen

Mit diesem Zeichen interessiert man sich für die Themen Wandlung, Tod und Wiedergeburt vor allem vom gedanklichen und intellektuellen

Standpunkt aus. Vielleicht befasst man sich voller Neugier mit esoterischen Themen, doch so richtig warm wird man damit kaum. Eine starke Rationalität und der Drang, alles zu intellektualisieren, verhindern oft ein echtes, tieferes Verständnis. Noch schwieriger tut man sich damit, höhere Gesetzmäßigkeiten zu akzeptieren und im Leben zu verwirklichen. So bleibt man manchmal quasi vor der Tür stehen und vermeidet den entscheidenden Schritt zu einer echten, inneren Wandlung lange Zeit. Psychologische Themen interessieren diese Menschen noch am ehesten, wenn sie das Gefühl haben, etwas Neues über sich oder andere erfahren zu können. Der Gedanke an die Endlichkeit des eigenen Seins verunsichert sie jedoch stark und macht sie zuweilen sogar richtiggehend nervös. Sie sollten versuchen, mehr Tiefgang zu entwickeln, wenn es um die genannten Themen geht, und sich in Ruhe damit auseinander zu setzen. Da hilft es schon, das momentane Leben intensiver zu erleben und die Zeit besser zu nutzen.

Spitze des achten Hauses im Krebs

Hier besteht ein tiefes emotionales Interesse am Thema Wandlung, Tod und Wiedergeburt. Intuitiv spüren diese Menschen, dass sie zuerst geben müssen, bevor sie etwas erhalten. Deshalb sind sie zu echtem, aufopferndem Dienst an den Mitmenschen bereit und bringen auch die Fähigkeit dazu mit. Verzicht bedeutet für sie: sich lösen von emotionalen Bindungen und von der Sehnsucht nach Geborgenheit zugunsten eines Vertrauens in die höheren Gesetzmäßigkeiten. Allerdings bildet eine liebevolle, von gegenseitigem Vertrauen getragene Partnerschaft eine unbedingte Voraussetzung für die Hingabefähigkeit. Wird dieses Vertrauen missbraucht, so zieht man sich entweder in sich selbst zurück und hadert mit dem ungerechten Schicksal oder man wird zum Rächer für die erlittene Schmach. Esoterische Interessen werden meist erst mit zunehmendem Alter wichtig. Wir finden bei dieser Konstellation oft eine gewisse mediale oder heilerische Begabung und ein starkes Interesse und intuitives Verständnis für Träume.

Spitze des achten Hauses im Löwen

Mit diesem Zeichen bezieht sich innere Wandlung vor allem auf die Einstellung zu Macht und Führungswillen. Gerne übernimmt man leitende Positionen und neigt dazu, andere Menschen für die eigenen Ziele und Wünsche einzuspannen. Der Verzicht auf eigene Machtansprüche, das Loslassen der Tendenz, die Mitmenschen herumzukommandieren, öffnet hier den Weg zu höheren Werten und einer esoterischen Weltsicht. Man ordnet sich nur sehr ungern in das herrschende Gesellschaftssystem ein, da man tief überzeugt ist vom Recht auf individuelle Freiheit. Trotzdem wird man kaum ein rebellischer Kämpfer für die eigenen Überzeugungen werden, sondern mehr dazu neigen, den gegebenen Spielraum für die individuelle Entfaltung voll auszunutzen und die Grenzen hin und wieder etwas großzügig zu den eigenen Gunsten festzulegen. Die esoterischen Interessen sind in der Regel nicht sehr ausgeprägt oder tauchen erst im Alter auf. Da hier vor allem die praktische Erfahrung wichtig ist, kümmern Theorien und Glaubensfragen nur wenig: Esoterische Erkenntnisse haben erst dann einen Wert, wenn man die notwendigen Erfahrungen des Lebens integrieren und praktisch verwirklichen kann. Psychologisches Geschick setzt man unter Umständen sogar nur dann ein, wenn einem dafür Anerkennung zuteil wird.

Spitze des achten Hauses in der Jungfrau

Mit diesem Zeichen betrifft der Bereich der inneren Wandlung vor allem die Einstellungen zum täglichen Leben, und man neigt dazu, manches sehr eng und überkritisch zu betrachten. Wahrscheinlich ist man an das herrschende Gesellschaftssystem angepasst und wagt kaum, die eigenen Bedürfnisse anzumelden. Man muss hier lernen, die kritische und pedantische Seite etwas zurückzunehmen. Durch echten aufopfernden Dienst an den Mitmenschen wird man zu einer reicheren und stärkeren Persönlichkeit. Esoterische Interessen kommen häufig vor und sind meist getragen von dem Wunsch, die spirituellen Gesetze des Schicksals zu ergründen. Psychologie, Astrologie und Meditation sind ein guter Weg, innere Erkenntnisse zu erlangen und sich auch eine eigene Meinung zum Thema Spiritualität zu bilden. Man hat hier die Möglichkeit, eine Brücke zwischen Realität und Jenseits zu schlagen.

Spitze des achten Hauses in der Waage

Mit diesem Zeichen bezieht sich der Bereich der inneren Wandlungen vor allem auf die Einstellung zu Liebe und Partnerschaft. Manchmal kann es zu einem tiefen Konflikt zwischen erotischer und spiritueller Liebe kommen. Die Aufgabe besteht darin, den wahren Wert beider Ausdrucksweisen zu studieren, ohne in ein Extrem zu verfallen, und im partnerschaftlichen Leben zu verwirklichen. Dazu müssen wohl manche Vorurteile überwunden, aber auch manche hohen Träume und Ideale einer allzu perfekten Partnerschaft den wirklichen Gegebenheiten angepasst werden. Auf dem Parkett des gesellschaftlichen Lebens tut man sich dafür leichter, da man sich Normen und Regeln ziemlich leicht anpassen kann. Mit Diplomatie und Geschick dreht man viele Dinge so hin, dass man letztlich davon profitieren kann. Esoterische Interessen sind meist nicht besonders ausgeprägt. Am ehesten interessieren die Mysterien der Liebe: Tantra, Liebesmagie und kreativer Tanz. Das Interesse an der Esoterik ist mehr intellektueller Natur, und möglicherweise liest man viel darüber. Gegenüber praktischen Erfahrungen auf dem Gebiet der Esoterik sträubt man sich aber oft lange Zeit. Durch eine Freundin oder einen Freund, die oder der auf diesem Gebiet bereits mehr Erfahrungen hat, kann man viel lernen.

Spitze des achten Hauses im Skorpion

Mit diesem Zeichen, welches der Thematik des Hauses am stärksten entspricht, interessiert man sich besonders stark für alle Grenzbereiche des Lebens: Vor allem in späteren Jahren beschäftigt man sich sehr intensiv mit mystischen und okkulten Fragen, mit Tod und Wiedergeburt. Das größte Handicap ist der starke Drang, andere Menschen zu beherrschen und diesen den eigenen Willen aufzuzwingen. Eigene innere Wandlung beginnt daher durch den Verzicht auf persönliche Macht. Mit Skorpion an der Spitze des achten Hauses geht eine überaus starke Wunschnatur einher, und gelegentlich wird man mit den niederen Impulsen unbefriedigter und aggressiver Triebe zu kämpfen haben. Je nach geistigem Niveau und spiritueller Reife wird man diesen Trieben ungehemmt freien Lauf lassen oder durch stete innere Transformation diese heftigen unbewussten Impulse verfeinern, bis man das edle Juwel echter transzendenter Wahrheit entdeckt. Die eigene Wandlung überträgt sich auch oft auf die Umwelt: Bewusst oder unbewusst löst man bei anderen viele Prozesse aus, die zu einer Veränderung bisheriger Strukturen und Traditionen führen.

Spitze des achten Hauses im Schützen

Mit diesem Zeichen interessiert man sich für die Bereiche Tod, Jenseits und Wiedergeburt vor allem vom philosophischen Standpunkt aus. Man sucht intensiv nach dem Sinn von Grenzerfahrungen des menschlichen Seins – doch gelegentlich weicht man mit solchen Studien eigenen praktischen Erfahrungen auch aus. Gerne möchte man ein spiritueller Lehrer sein, doch muss man zuerst lernen, selbst durch die Wandlungserfahrungen hindurchzugehen. Andernfalls bleibt man zu sehr an der Oberfläche und kann lediglich abstraktes und angelesenes Wissen vermitteln. Auch hinsichtlich Staat und Gesellschaft möchte man gerne verändernd wirken. Man tut sich dabei oft sehr schwer, sich an die herrschenden Normen und Gesetze anzupassen, da man dazu neigt, sich selbst höher einzuschätzen als die Menschen in der Umgebung. Die persönliche Freiheit ist wichtiger, als Verpflichtungen einzuhalten oder sich fremden Regeln unterzuordnen.

Spitze des achten Hauses im Steinbock

Mit diesem Zeichen ist es sehr schwer, sich selbst zu verändern und sich dem Bereich des Verborgenen und Geheimnisvollen zu öffnen. Als großer Realist und praktisch denkender Mensch scheut man in der Regel leicht zurück vor dem Sumpf und den Fallgruben, die ein Studium des

Okkulten und Geheimnisvollen auch mit sich bringen kann. Innere Wandlung bedeutet für diese Menschen vor allem Verzicht auf übertriebenen Individualismus und Überheblichkeit. Zu oft nehmen sie ihre eigenen Denkweisen und Anschauungen als Maß aller Dinge und verschließen sich dem Streben nach höheren Werten. Mit ihrer ausgeprägten Rationalität bekämpfen sie vielleicht sogar andere, die mehr für Esoterik und Spiritualität übrig haben. Gesellschaftlichen Normen und Regeln können sie sich hingegen eher leicht anpassen. Moral und Anstand sind ihnen so wichtig, dass sie öfters als nötig den Mahnfinger erheben.

Spitze des achten Hauses im Wassermann

Mit diesem Zeichen ist man stark interessiert an esoterischen und spirituellen Themen. Diese Menschen befassen sich meist intensiv mit den Grenzbereichen des menschlichen Seins, beispielsweise mit Tod und Wiedergeburt, Tarot, medialen Fähigkeiten und Parapsychologie. Ein Problem ist jedoch ihre ausgeprägte Rationalität und die Scheu, sich auch praktisch auf diese Dinge einzulassen. Ihr intuitives Verständnis und ihre Wissbegierde machen sie zwar sehr offen, doch bleiben sie lange Zeit distanziert. Eine echte innere Wandlung entsteht aber erst, wenn sie sich selbst den Erfahrungen aussetzen, etwa durch Meditation oder andere spirituelle Übungen. Nur ungern lassen sie sich durch einen Lehrer unterrichten, da sie sich gerne selbst als Maß aller Dinge nehmen. Ihr starker Idealismus lässt sie gelegentlich auch Scheuklappen auflegen gegenüber den dunklen und leidvollen Erfahrungen, durch die jeder Mensch irgendwann einmal gehen muss. Alles in allem können sie jedoch auf spirituellem Gebiet sehr ungewöhnliche eigene Erfahrungen machen.

Spitze des achten Hauses in den Fischen

Mit diesem Zeichen ahnt man, dass es hinter der materiellen Realität noch viele geheimnisvolle Bereiche gibt, die unser alltägliches Verständnis weit übersteigen. Diese Menschen sind außerordentlich sensibel und mediale oder andere parapsychologische Fähigkeiten sind wahrscheinlich anzutreffen. Doch vermischen sich die echten Ahnungen und Visionen auch häufig mit persönlichen Wunschträumen und romantischen Phantastereien. Häufig lassen sie sich auch von Scharlatanen etwas vorgaukeln, was irgendwann unweigerlich zu Enttäuschungen führt. Wahre Spiritualität besteht nicht in Träumen über eine paradiesische Jenseitswelt. Es braucht viel Hingabe und echte Arbeit an sich selbst, um echte mystische Erkenntnis zu gewinnen. Mit dieser Hausstellung hat man eine sehr gute Voraussetzung, um im Leben tiefe Einsichten und Halt in einer spirituellen Welt zu finden.

Das zwölfte Haus: Zeiten des Rückzugs

Das zwölfte Haus ist das Haus des Rückzugs und der Isolation. Gerade eine Krankheit kann uns zu einem Rückzug vom Alltag zwingen, beispielsweise durch einen Klinikaufenthalt. Damit macht man sich zugleich auf den Weg zur Heilung. Nicht zuletzt hat das zwölfte Haus das Thema Spiritualität zum Inhalt.

Das Tierkreiszeichen an der Spitze Ihres zwölften Hauses zeigt, wie Sie mit einem solchen Rückzug umgehen und welche Formen des freiwilligen Rückzugs Sie wählen können, denn auch solche Phasen brauchen Sie für Ihr Wohlbefinden.

Spitze des zwölften Hauses im Widder

Mit diesem Zeichen ist es sehr schwierig, innere Ruhe zu finden und sich einmal fallen zu lassen. Irgendetwas treibt diese Menschen immer wieder zu Aktivität und Bewegung an. Sie befolgen ungern die Anleitung eines Arztes und ertragen Zeiten der Isolation in einem Krankenhaus nur mit großer Ungeduld. Am besten läuft es noch, wenn sie das Gefühl haben, aktiv an allem, was um sie herum vorgeht, teilhaben und möglichst auch mitwirken zu können. Doch sie erholen sich in der Regel schnell und sind selbst nach einem größeren Eingriff schon nach wenigen Tagen wieder auf den Beinen.

Bei dieser Stellung können dynamische Formen der Meditation (zum Beispiel Tanz- oder Bewegungsmeditationen, Kampfsportarten wie Aikido, Kendo und Tai Chi) helfen, die chaotische Aktivität allmählich in harmonische und konstruktive Bahnen zu lenken. Die Heilung wird bei dieser Konstellation nicht erahnt oder mystisch gefühlt, sondern gleichsam im täglichen Lebenskampf errungen. Man sollte lernen, den Handlungen einen meditativen Ausdruck zu verleihen.

Spitze des zwölften Hauses im Stier

Allein die Tatsache, in einer Klinik oder auf einer Kur in einer fremden Umgebung zu sein und nicht den gewohnten Rhythmus leben zu können, stellt für diese Menschen ein Problem dar. Ist das Essen gut, dann wird ihre Stimmung jedoch schon besser. Ärztlicher Hilfe gegenüber sind sie misstrauisch, denn eigentlich hoffen sie immer auf die Regulierung durch die Natur, doch manchmal reicht das eben nicht aus. Als Patienten sind sie geduldig, haben allerdings vor Spritzen oft eine panische Angst. Am besten erholen sie sich in einem Krankenhaus auf dem Land, fernab von der Großstadthektik. Mit diesem Zeichen sucht man Heilung am besten durch den Kontakt mit der Natur, wozu auch der eigene Körper gehört. Es gilt die geheimnisvolle Sprache der natürlichen Manifestationen zu enträtseln und so die Gesetze des Lebens zu erkennen. Als einfache Meditationsmethode bietet sich das kreative Schaffen an, etwa malen oder bildhauern. Auch körperorientierte Techniken wie Massage und energetische Heilmethoden (Chi-Massage, Shiatsu, Reiki) können zu Erfahrungen verhelfen, die einen tieferen Einblick in das Dasein ermöglichen.

Spitze des zwölften Hauses in den Zwillingen

Diese Menschen versuchen einem Krankenhausaufenthalt wirklich bis zuletzt zu entgehen. Durch etwas zum Stillsitzen oder gar Stillliegen gezwungen zu sein ist für sie geradezu unvorstellbar. Das Zimmer im Krankenhaus wird zum Gefängnis, wenn nicht sofort ein Telefon und ein Fernsehgerät zur Verfügung stehen. Eine Alternative könnte ein Mehrbett-Zimmer sein, denn da haben sie die Möglichkeit zur Kommunikation. Ihren Arzt sollten sie mit ihrer Neigung zur Neugier nicht ermüden und von ihm nicht jeden Tag eine Neuigkeit erwarten. Mit diesem Zeichen sollte man versuchen, Genesung und Heilung über den Intellekt zu erreichen. Wahrheit oder Bewusstheit können hier durchaus die Schlüssel zu höherer Erkenntnis darstellen. Meist stöbert man gern in esoterischen Büchern herum oder versucht in Kursen (beispielsweise Astrologie, Tarot oder Traumdeutung) den Geheimnissen der Schöpfung auf die Spur zu kommen. Doch immer dann, wenn man eine neue Wahrheit erkannt zu haben glaubt, werden gleichzeitig auch neue Zweifel geboren. Diese zu überwinden und der eigenen Intuition und Erkenntnisfähigkeit zu vertrauen gehört zur Aufgabe dieser Zeichenstellung.

Spitze des zwölften Hauses im Krebs

Zeiten des Rückzugs und der Isolation können hier dazu beitragen, einmal Ruhe für die eigene Seele zu finden und den Gedanken nachzuhängen. Trotzdem stellt es für diese Menschen ein Problem dar, aus ihrem Umfeld gerissen zu werden. Sie bleiben nach Möglichkeit nur dann im Krankenhaus, wenn sie jeden Tag von ihren Lieben Besuch erhalten. Wenn das nicht möglich ist, sollten sie sich einen warmherzigen Arzt aussuchen, der ihnen ein familiäres Gefühl vermitteln kann. Außerdem sollten sie auf Schonkost achten, denn der Magen kann auf ungewohnte Kost irritiert reagieren. Mit diesem Zeichen geht man den Weg zur Heilung über die innere Erfahrung. Sei es äußerlich über die Kunst, sei es innerlich über das Verständnis der Träume – in beiden Fällen sind Bild und Symbol wichtige Schlüssel, dem Wesen Gottes und seiner Schöpfung näher zu kommen. Es mag leicht sein, dass man durch die Forderungen des Alltags nicht oft genug Zeit für sich hat und diesen Erfahrungsbereich eher vernachlässigt. Doch wenn man dem inneren Wachstum ausweichen will, sucht sich die Natur plötzlich eigene Wege, um die verlorene Harmonie wiederherzustellen.

Spitze des zwölften Hauses im Löwen

Diesen Menschen gefällt zunächst der Gedanke, einmal so richtig bedient zu werden. Doch ein Krankenhaus ist kein Luxushotel, und sobald sie um sieben Uhr morgens geweckt werden, ist es aus mit dem schönen Leben. Sie brauchen natürlich ein Einzelzimmer oder wenigstens einen Zimmergenossen, der sich unterordnet. Auch dem Arzt erteilen sie gerne gute Ratschläge und schätzen es, wenn dieser anpassungsfähig ist. Es versteht sich von selbst, dass sie nur die beste Adresse wählen und ihre Trinkgelder großzügig bemessen. Doch sie sollten sich einmal fallen lassen und die gesellschaftliche Maske vorübergehend ablegen, sonst wird es unter Umständen nichts mit Erholung und Genesung. Sie suchen ihre Kraft und Heilung über die Methode der direkten Erfahrung. Konflikte, Streit und Schwierigkeiten im Umgang mit anderen Menschen bilden für sie den Ausgangspunkt, sich tiefere Gedanken über den Sinn des Lebens zu machen. In diesem Lebenskampf einmal innezuhalten und – wie bei einer fotografischen Momentaufnahme – alle Dinge tief auf sich wirken zu lassen kann für sie ein Schlüssel zu höherer Erkenntnis sein. Äußeres Chaos entsteht durch inneres Chaos: Wenn sie sich selbst in die Hand nehmen und Ordnung in sich selbst schaffen, so ordnen sich auch die Dinge in der äußeren Welt. Für diese Arbeit an sich selbst bieten die moderne Psychologie und Esoterik ein reiches Angebot an Wachstumsmöglichkeiten. Vor allem die Arbeit in und mit Gruppen kann viel helfen.

Spitze des zwölften Hauses in der Jungfrau

Für diese Menschen ist der Aufenthalt in einem Krankenhaus eine völlig natürliche Angelegenheit. Pflichtbewusst übernehmen sie den Rhythmus der Klinik und ordnen sich den Anweisungen unter. Natürlich wissen sie außerordentlich gut über ihre Krankheit Bescheid und haben darüber viel gelesen. Wichtig ist ihnen, dass das Zimmer stets in Ordnung ist und die hygienischen Verhältnisse optimal sind. Auch das Essen muss ihren Vorstellungen von naturbelassener Kost entsprechen. Ihrem Arzt schenken sie Vertrauen, doch sind sie kritische Patienten, die nachfragen und über alle Vorgänge genauestens informiert sein möchten. Sie suchen den Weg zur Gesundheit über den Intellekt und haben vielleicht bereits alle gängigen Methoden der modernen Psychologie und Esoterik kennen gelernt. Aber irgendwann müssen sie einsehen, dass jede Technik, jede Methode an eine Grenze stößt, an welcher der Verstand bescheiden beiseite treten muss, um einem höheren Geschehen Raum zu geben.

Spitze des zwölften Hauses in der Waage

Harmonie ist hier das Stichwort, und um wirkliche Erholung und Genesung zu erlangen, braucht man eine ansprechende und harmonische Atmosphäre. Daher sollte man mit dieser Konstellation eine Klinik mit einem schönen Ambiente und einer luftigen Architektur wählen. Freundliche Behandlung ist ein weiterer wichtiger Punkt, denn schließlich ist man auch ein wohlwollender Patient. Möglicherweise ist man von Stimmungsschwankungen geplagt und so ist es wichtig, dass der Arzt Stabilität und positive Gedanken vermittelt. Mit diesem Zeichen sucht man die Heilung und den inneren Ausgleich über die Einheit mit dem Ganzen, wie sie im chinesischen Tao, dem Zeichen für das Gleichgewicht der beiden kosmischen Kräfte Yin und Yang, symbolisiert ist. Zwei Arten der Gotteserkenntnis stehen diesen Menschen offen: äußerlich durch tätiges Handeln in der Welt oder innerlich durch Meditation. Bei beidem geht es darum, die zwei gegensätzlichen Kräfte Yin und Yang (weiblich und männlich) zu einem harmonischen Ganzen zu fügen. Lehren wie Taoismus oder Zen können für sie wichtige Schlüssel bergen, um den Geheimnissen des Lebens auf die Spur zu kommen.

Spitze des zwölften Hauses im Skorpion

Der Rückzug in ein Krankenhaus sollte hier als Möglichkeit gesehen werden, sich etwas Gutes zu tun und etwas zur Verbesserung der Gesundheit beizutragen. Doch oft können diese Menschen ihr Misstrauen und das Gefühl nicht loswerden, damit einen Schicksalsschlag zu erleiden. Sie sollten nicht hinter jeder Tablette oder Spritze eine persönliche Attacke des Arztes vermuten, sondern versuchen, ihm zu vertrauen. Ihrem Instinkt sollten sie allerdings immer folgen, denn der trügt sie selten. Sie müssen darüber nachdenken, wie sie mit dieser Tatsache umzugehen haben. Wenn sie tatsächlich Angst vor einer ärztlichen Maßnahme bekommen, sollten sie einen Eingriff vermeiden. Mit diesem Zeichen sucht man den Weg zu wahrer Gesundheit und innerer Heilung durch wissenschaftliche Methoden, aber auch über Magie. Beide Wege führen zum Ziel und beide Wege bergen Probleme in sich, an denen das Vorhaben scheitern kann. Doch Menschen mit Skorpion an der Spitze des zwölften Hauses möchten gar nicht, dass die Rätsel der Natur sich ihnen einfach offenbaren – sie möchten viel lieber diese Geheimnisse selbständig erforschen, langsam eindringen in die „Werkstatt Gottes" und der Natur die Antworten gleichsam abringen. Das Erforschen erotischer Mysterien könnte dabei eines ihrer Lieblingsthemen sein. Die ersten Schritte zum Erfolg werden sie dann machen, wenn sie zu erkennen beginnen, dass hinter allen materiellen Manifestationen dynamische Prozesse stehen und dass unsere Gedanken diese Energien beeinflussen und lenken können.

Spitze des zwölften Hauses im Schützen

Bei diesen Menschen kann es besonders im Ausland zu Krankenhausaufenthalten kommen. Auch mögen sie ein kirchlich orientiertes Krankenhaus wählen. Ansonsten sind sie eher ungeduldige Patienten, die allerdings von ausgesprochenem Optimismus beflügelt sind. Vielleicht trösten sie sogar ihren Arzt, wenn die Ergebnisse ärztlicher Kunst nicht sofort zufrieden stellend sind. Es fällt ihnen meist leicht, die Gelegenheit der Ruhe zu ergreifen und ihren philosophischen Gedanken nachzuhängen, mit deren Hilfe sie auch den tieferen Zusammenhang zwischen der Krankheit und ihrem Leben zu erkennen vermögen. Heilung und körperliches Gleichgewicht bedeuten hier so viel wie die Suche nach Sinn: Sinn des persönlichen Lebens, Sinn des Daseins, des menschlichen Lebens überhaupt und sogar Sinn und Ziel des ganzen kosmischen Geschehens. Diese Menschen mögen mitunter sehr gebildet sein, viel reisen – zum Beispiel zu alten Kulturstätten – und sich für Philosophie, Esoterik, Recht und Religion interessieren. Ruhende Meditationstechniken wie Yoga machen sie eher kribbelig. Sie brauchen Bewegung und äußeren Ansporn, was sich mit der verinnerlichten Qualität dieses Hauses schlecht verträgt. Rauchen, Medikamente und all die anderen Stresskiller sind jedoch ein schlechtes Heilmittel für den Ausgleich der inneren Unruhe! Wenn sie sich lange genug in Geduld üben können, so werden sie zu echtem mystischen Erkennen finden.

Spitze des zwölften Hauses im Steinbock

Im Grunde genommen kommt diesen Menschen und ihrem Wesen der Aufenthalt in einer Klinik entgegen. Sie ziehen sich gerne in eine gewisse Einsamkeit zurück, was natürlich voraussetzt, dass sie der einzige Patient in einem Zimmer sind. Zimmergenossen sind nichts für sie. Da sie sich nur schwer anpassen, muss das Klinikpersonal schon Geduld mit ihnen aufbringen und der Arzt muss es vor allem verstehen, ihre pessimistische Einstellung zu bekämpfen. Selbst bei einer kleinen Routineangelegenheit vermuten sie eine chronische Krankheit. Und auch wirklich gute Kost wird sie kaum zufrieden stellen, denn sie sind sehr kritisch, was das Essen anbelangt. Auch bei den Kontakten sind sie zurückhaltend. Gespräche auf dem Klinikflur werden sie zu vermeiden wissen. Mit diesem Zeichen ist die Suche nach Heilung gekennzeichnet durch eine tiefe Ernsthaftigkeit und innere Konzentration. Dies mag im persönlichen Geburtshoroskop ganz im Gegensatz stehen zu anderen Horoskopfaktoren. Nur wenigen wird man offenbaren, was einen im Innersten verunsichert und ängstigt: die Zweifel über die Richtigkeit des täglichen Handelns; die Angst vor einer ungewissen Zukunft; die Beklemmung angesichts des Unheils in der ganzen Welt. Meist wird man diese Zweifel jedoch überspielen und innere Sicherheit vortäuschen. Hilfreich kann es sein, sich mit gesunder Ernährung, alternativen Heilmethoden (vor allem mit Kristallen) oder mit ruhigen Körpermeditationen zu befassen.

Spitze des zwölften Hauses im Wassermann

Hier macht es die innere Unruhe sicher nicht einfach, die Isolation eines Krankenhauses zu akzeptieren. Schließlich drängen so viele Ideen und Pläne zur Verwirklichung! Diese Menschen müssen sich wirklich zwingen, nicht ständig mit Fluchtgedanken zu spielen. Ihr großer Drang zur Unabhängigkeit lässt sie auch leicht ihre Möglichkeiten überschätzen. Frisch operiert sollten sie vom Lustwandeln im Klinikpark lieber absehen. Sie reagieren einfach zu schnell. Vielleicht fühlen sie sich in einer Klinik oder bei einem Arzt wohl, die bekannt sind für ihre revolutionären Methoden. Schließlich sind sie dem Fortschritt gegenüber sehr aufgeschlossen. Der Weg zur Gesundheit bedeutet für sie: der Weg zur Erkenntnis wahrer Liebe und echter Menschlichkeit. Gespräche mit Freunden sind für sie eine wichtige Quelle, um neue Sichtweisen und neue Methoden der Gotteserkenntnis kennen zu lernen. Mit der Zeit können sie richtige Pioniere werden und ganz neue Möglichkeiten der Gotteserfahrung entdecken. Doch ihr Intellekt wird ihnen dabei öfters in die Quere kommen. Erst wenn sie nicht mehr nur an sich selbst denken, sondern ihre Kräfte zum Wohl anderer Menschen einsetzen, werden sie mit neuen Lebensqualitäten in Berührung kommen.

Spitze des zwölften Hauses in den Fischen

Ein Klinikaufenthalt stellt für diese Menschen eine ganz besondere Erfahrung dar. Sie können einmal ganz und gar die Verantwortung für ihr Leben abgeben und sich fallen lassen. Doch so manches Mal steigen in der Ruhe auch Ängste in ihnen auf. Ein psychologisch gut geschulter Arzt sollte ihnen deshalb zur Verfügung stehen, wenn sie plötzlich erkennen, dass sie nicht mehr in ihre alte Verantwortung und in ihr altes Leben zurückwollen. Eine liebevolle Behandlung ist für sie sehr wichtig, egal ob sie einen längeren Aufenthalt vor sich haben oder nur den Blinddarm entfernt bekommen. Mit diesem Zeichen versucht man, die inneren Bedürfnisse und die Voraussetzungen für die Heilung im Herzen zu erahnen. Mystische Inspirationen empfangen diese Menschen direkt aus ihrem Inneren, und viele Begabungen und Talente ruhen noch in ihnen. Während andere vielleicht glauben, bereits alles zu verstehen, so ahnen sie, dass das Universum noch viel größere Geheimnisse in sich birgt. Wahre mystische Suche, Gebet und Meditation sind die Schlüssel, mit welchen sie dem Wesen Gottes näher kommen können. Doch nicht immer kommen diese Fähigkeiten zum Durchbruch, und manchmal bleibt es beim bloßen Wunsch. Ihre starke mystische Begabung braucht Zuwendung, Schulung und ständige Nahrung. Sie sollten sich deshalb von Zeit zu Zeit von der äußeren Welt zurückziehen, um sich in Einsamkeit und Ruhe ganz den inneren Prozessen zuwenden zu können. Das Verständnis ihrer Träume und Visionen kann für ihr Wachstum ebenfalls sehr hilfreich sein.

Die Psychologie der zwölf Tierkreiszeichen

Für die Gesundheit ist ein ausgeglichenes Seelenleben überaus wichtig. Welche Voraussetzungen die einzelnen Tierkreiszeichen dazu mitbringen, wurde teilweise bereits im Kapitel „Die Sonne in den zwölf Tierkreiszeichen" (Seite 17) angesprochen. Dort wurde auch immer wieder darauf hingewiesen, was zu psychosomatischen Beschwerden führen kann. Im Folgenden soll nun noch einmal ein Überblick über die Psychologie der zwölf Tierkreiszeichen – ihre Stärken und ihre Schwächen – gegeben werden.

Die Psychologie des Widders

Der Widder hat sicherlich das unkomplizierteste Wesen von allen zwölf Tierkreiszeichen. Er hat in gewisser Weise das Gemüt eines Kindes, das die Zerrissenheit eines Erwachsenen nicht kennt. Es besteht fast kein Unterschied zwischen Wunsch und Tat. Sein Leben richtet sich auf die Zukunft, deren Probleme er kaum erahnt. Allerdings fürchtet er sich vor Schatten und erkennt wirkliche Gefahren nicht. Um der ungewissen Angst des Augenblicks zu entfliehen, stürzt er sich in wahnwitzige

Abenteuer. Dieses Energiebündel sucht wirklich seinesgleichen. Die Impulsivität ist beachtlich. Man muss sich zum Gelassensein geradezu zwingen. Wenn man die spontane Handlungsweise nicht in den Griff bekommt, kann die Konsequenz ein ständiger Streit mit anderen Menschen sein. Die eigenen Nerven verschleißen sich dann in lautstarken Disputen und sogar tätliche Angriffe sind nicht ausgeschlossen. Weil er sich physisch und psychisch bis an seine Grenzen verausgabt, schwanken seine Energiezustände zwischen äußerster Vitalität und tiefster Erschöpfung.

Die Psychologie des Stiers

Der Stier verströmt seine psychische Energie nicht nach außen, sondern bewahrt und akkumuliert sie. Dadurch wird sie noch intensiver. So entspricht dem Zeichen die gesammelte Energie, das Kräftereservoir, die Fixierung und die Entfaltung durch Ruhe, Beharrlichkeit und Stetigkeit bis zur Starrheit. Man orientiert sich nur an greifbaren Dingen und fühlt sich von Materie, vor allem in Form von Besitz, magisch angezogen. Finanzielle Sicherheit ist das auserkorene Ziel und dabei investiert man keineswegs gern ins Ungewisse. Wenn das Leben Flexibilität erfordert, empfindet der Stier das oft als Schicksalsschlag. Eine weitere Schwierigkeit kann die Sturheit sein, mit der man an Gewohnheiten und Meinungen festhält, selbst wenn sie längst überholt sind. Seine Fixierung auf das Haben und Behalten-Wollen lässt den Stier übermäßig Energie ansammeln, sie jedoch nicht abgeben. Dies kann in regelmäßigen Abständen zu einem Energiestau führen.

Die Psychologie der Zwillinge

Zwillinge sind stets auf dem neuesten Stand der Dinge. Sie suchen heitere Gespräche und gedanklichen Austausch. Kommunikation ist ihnen außerordentlich wichtig. Die einmal aufgenommenen Eindrücke lösen unmittelbar die höchstmögliche Wirkung aus, hinterlassen jedoch keine Spuren. Erfahrungen und Erlebnisse wirken sich somit auch nicht langfristig aus. Die Aufmerksamkeit zerfließt im flüchtigen Spiel wechselnder Eindrücke. Eine solche Anlage führt zu Zerstreuung, Flatterhaftigkeit und Unentschlossenheit. Auch kann den Zwillingen große Unruhe ihr Leben lang zusetzen.

Die Psychologie des Krebses

Der Krebs scheint es mit dem Wachsen nicht eilig zu haben. Vielmehr verläuft die Entwicklung träge und langsam. Er verharrt gerne in der Kindheit. Er lebt in seinen Träumen, in einem Meer verschwommener Empfindungen und unbestimmter Eindrücke. In erster Linie hängt er von elementaren Bedürfnissen ab: Hunger, Durst, Schlaf … Das Leben des Krebs-Typs wurzelt in den dunklen Kräften des Unbewussten. Die Krebsbetonung tritt außerdem in Form besonderer Hinwendung zu Familie, Traditionen und der eigenen Heimat in Erscheinung. Gefühlen und zwischenmenschlichen Dingen messen diese Menschen große Bedeutung bei. Ihre Launen überdecken sie mit einer gewissen Arroganz, ganz einfach um sich selbst zu schützen. Doch dieses kühle Verhalten steht ganz im Kontrast zu ihren inneren Bedürfnissen. Sie wollen zwar die totale Zuwendung, lassen aber den anderen immer wieder abblitzen, nur um zu sehen, ob sie wirklich geliebt werden. Diese Spielchen können einsam machen.

Die Psychologie des Löwen

Hier ist die psychische Basis kräftig und widerstandsfähig. Man ist von überschäumender Lebendigkeit und ganz auf die Außenwelt abgestimmt. Dieser Typ hat Reserven genug, um sich auch Verschwendung zu leisten. Er vertraut in sein Gefühl der Kraft. Voller Lebensfreude und Enthusiasmus versucht er, die Dinge des Lebens anzupacken. Er braucht Aufgaben, für die er sich total engagieren und Ruhm ernten kann. Auch wenn er in einem ganz normalen Bereich tätig ist, so ist doch sein Erscheinen immer ein kleiner Auftritt. Sein sonniges Naturell sorgt dafür, dass man ihn sofort ins Herz schließt. Die Schattenseite ist, dass er sich gelegentlich einfach zu sehr als Auserwählter fühlt, der über den Dingen steht und dem alles zufliegen soll. Außerdem macht ihm seine Bequemlichkeit zu schaffen.

Die Psychologie der Jungfrau

In der psychologischen Struktur des Jungfrau-Typs steht an erster Stelle eine gewisse Distanziertheit und Kühle, aber auch ein nervöses Temperament. Die Jungfrau besitzt eine feinfühlige, scharfsinnige Psyche mit komplexen Reaktionen und vielschichtigen Wesenszügen – eine individuelle Persönlichkeit, die sichtet und wählt. Auch das kleinste Ding kann größte Bedeutung gewinnen. Eben deshalb leidet dieser Typ immer wieder unter Schwierigkeiten, sich an die Außenwelt anzupassen. Zuverlässig und fleißig meistern diese Menschen die alltäglichen Anforderungen. Das Leben soll geordnet verlaufen, die Zukunft gesichert sein. Eine gewisse innere Unsicherheit macht diesen Menschen außerdem zu schaffen, kritische Bemerkungen anderer nehmen sie meist zu ernst. Das menschliche Verständnis kann hier schon mal zu kurz kommen, wenn der Verstand alles dominiert. Liebesdinge werden zu nüchtern angegangen, romantische Partner als „Spinner" misstrauisch betrachtet.

Die Psychologie der Waage

Die Waage bewegt sich in gleicher Distanz zu Ernst und Leichtigkeit. Sie vermeidet Schärfe und versteht es Maß zu halten. Sie strebt nach Harmonie und geht dramatischen Auftritten aus dem Weg. Ihre Anziehungskraft macht sie bei anderen beliebt. Sie wird von dem tiefen Verlangen bestimmt, sich mit anderen Menschen zu verstehen. Diese Menschen ruhen in sich und wollen sich auch nicht aus dem inneren Gleichgewicht bringen lassen. Doch der Hang zum süßen Leben kann ebenso Übergewicht wie Finanzprobleme mit sich bringen. Außerdem geben sie des lieben Friedens willen zu oft nach und erscheinen dadurch gelegentlich etwas farb- und konturenlos. Ihre Anpassungsfähigkeit geht oft so weit, dass sie ihre eigenen Ansichten völlig verleugnen, weil sie einfach keine Auseinandersetzungen wünschen. Nur zu leicht leben sie dann in einem Korsett, das zu eng ist und ihnen die Luft zum Atmen abschnürt.

Die Psychologie des Skorpions

Der Skorpion-Mensch reagiert rein gefühlsmäßig, nach oben oder nach unten, dem Geist oder dem Leib zugewandt. Tief innerlich lässt er sich nicht umformen. Wie er ist, so bleibt er, trotz seiner sichtbaren, äußeren Wechsel und Umwandlungen. Seine Entschlüsse stammen aus der Tiefe seines Wesens und sind das Ergebnis innerer Kämpfe. Er weiß, was er will, deshalb ist auch seine Lebensauffassung streng, ja er wird sogar manchmal grausam, getrieben von unergründlicher Lebensangst. Diese psychologische Grundstruktur verleiht ihm sogar Unerschrockenheit gegenüber dem Tod, ein Zeichen von Seelenstärke und gleichzeitig das Merkmal des Lebens, das höhere Werte kennt als das Leben selbst. Meistens zeigt sich eine Alles-oder-Nichts-Haltung, denn man kann und möchte einfach nicht gleichgültig erscheinen. Diese Menschen haben eine starke Leistungsbereitschaft, für ihre Überzeugungen setzen sie sich bedingungslos ein und gehen zuweilen auch rücksichtslos gegen die Konkurrenz vor. Die Liebe erleben sie als das große Naturereignis und wünschen sich auch von ihrem Partner intensive Anteilnahme an ihren Gefühlen.

Die Psychologie des Schützen

Charakteristisch für den Schützen ist vor allem sein Drang nach Bewegungsraum. Allerdings verkennt er leicht seine Grenzen, er möchte sie überschreiten, um über sich hinauszuwachsen. Er richtet den Blick auf einen höheren Daseinssinn, hungert geradezu nach Abenteuern. Doch er ist kein Einzelgänger. Er fühlt sich in einem großen Kreis behaglich und mit dem Leben in der Gesellschaft verbunden. Persönlichkeiten, die durch das Zeichen Schütze geprägt sind, sind meist überaus großzügig und optimistisch. Der Sinn des Lebens liegt ihnen am Herzen, genauso wie Gerechtigkeit und Fairness. Auf der anderen Seite haben sie nicht selten etwas Selbstgerechtes, manchmal sind sie gar scheinheilig. Was man groß verkündet, kann man selbst nicht einhalten. Ihr ausgeprägter Wahrheitssinn verführt diese Menschen so manches Mal zu Taktlosigkeit, denn sie wollen einfach ehrlich bleiben.

Die Psychologie des Steinbocks

Gleich der vor Eiseskälte klirrenden Natur im Januar wirkt dieser Mensch kühl bis ins Herz. Der innere Persönlichkeitsaufbau bleibt eher verborgen. Sein Lebensweg scheint von vornherein vorgezeichnet. Vom Rummelplatz des lauten Lebens hält er sich fern, er verliert sich nicht an Äußerlichkeiten. Er lebt in sich selbst: durch Abstand, durch Verzicht, durch den Willen zum Wesentlichen. Nichts erscheint ihm leichter und natürlicher, als sich zu isolieren, abzusondern, das ihm Gemäße aufzusuchen: die Einsamkeit. Aus dieser inneren Welt tritt er nur heraus, wenn die Umstände ihn dazu nötigen. Diese Abwendung von der Außenwelt zehrt an seinen Kräften. Man ist aber auch ein Langstreckenläufer und setzt natürlich nur auf Qualität. Diese Charaktere tragen meist viel Verantwortung, weil sie wissen, dass sie auf ihre Kraft vertrauen können. So entsteht dann doch Leistungsdruck, man erstarrt in täglicher Pflicht und verliert die Freiheit, wirklich kreativ zu arbeiten. Hier läuft man Gefahr, dass die enorme Kraft zu Härte wird.

Die Psychologie des Wassermanns

Der Wassermann hält die Mitte zwischen der verinnerlichten Kühle des Steinbocks und den verschwimmenden Konturen der Fische. Er will sich von der Schwerkraft des Stofflichen befreien, zuweilen flieht er sogar vor den animalischen Trieben, die er als dunklen Widerspruch zur Helligkeit seiner Natur empfindet. Sein Wesen ist transparent, leicht und luftig.

Menschen mit Wassermann-Prägung fallen durch ihre ganz spezielle, aus dem Rahmen fallende Persönlichkeitsstruktur auf. Sie haben Visionen und manchmal schon ein Gespür für die Dinge, die erst in vielen

Jahren aktuell sein werden. Dadurch kann sich eine besondere Liebe zu allem Ultramodernen ergeben. Sie sind ihrer Zeit jedoch häufig so weit voraus, dass sie auch Gefühle der Einsamkeit oder des Unverstandenseins haben können.

Auch ihr Widerspruchsgeist ist beachtlich, denn sie wollen sich in kein festes Raster pressen lassen. Ein weiteres Problem kann eine ausgesprochene Sprunghaftigkeit sein. Man wechselt seine Meinung täglich und sieht ständig alles von einer völlig neuen Warte aus.

Die Psychologie der Fische

Die vom Zeichen Fische geprägte Persönlichkeit neigt dazu, ihre Individualität in der Menschheit aufgehen zu lassen. Die Grenzen zwischen Person und Kosmos zerfließen. Sie lebt mehr für andere als für sich selbst, egozentrische Tendenzen sind nahezu ausgeschaltet. Für kollektive Strömungen, die sie erfassen, ist sie sehr empfänglich. Sie ist weich und nachgiebig, wechselnden Eindrücken ganz ausgeliefert und sehr empfindlich. Hier zeigt sich ein Mensch von besonderem Gefühlsreichtum, großer emotionaler Tiefe und philosophischer Ausrichtung. Die Menschenliebe und das soziale Engagement sind hervorstechende Eigenschaften. Die reiche Phantasie verleiht diesen Menschen viel Schöpferkraft und lässt sie gelegentlich in Träumen schwelgen. Oft tun sie sich jedoch schwer, das Alltagsleben zu meistern. Wenn der Freiraum fehlt und zu viel Disziplin gefordert ist, dann können sie schnell den Mut sinken lassen. Dann fühlen sie sich kraftlos und von jedem Windhauch überfordert. Oft lassen sie sich auch stark von anderen Menschen beeinflussen, selbst wenn die eigene Intuition etwas ganz anderes sagt. Sie baden häufig im Selbstmitleid und flüchten am Ende in eine phantastische Traumwelt.

DER MUT ZUR KURSKORREKTUR

IM EIGENEN LEBEN

Der Mond in den zwölf Tierkreiszeichen

Der Mond stellt einen wichtigen Faktor im Geburtshoroskop dar. Er symbolisiert die psychische Grundstruktur und das Innenleben eines Menschen. Die Stellung des Mondes in einem bestimmten Tierkreiszeichen zeigt die emotionale Grundstruktur und wie jemand seine Gefühle zum Ausdruck bringt. Sie besagt aber auch, was er oder sie für das seelische Wohlbefinden und damit für die Gesundheit tun kann.

Nachfolgend finden Sie die Beschreibung des Mondes in den zwölf Tierkreiszeichen. In welchem Zeichen sich Ihr persönlicher Mond befindet, können Sie anhand der Tabellen ab Seite 136 leicht ermitteln.

Mond im Widder

Hier ist das Gefühlsleben impulsiv und aufbrausend. Diese Menschen möchten sich mit ihren Wünschen und Bedürfnissen immer durchsetzen und können auf ihre Umgebung sehr provozierend und angriffslustig wirken. In der Tat lieben sie Diskussionen, Auseinandersetzungen und manchmal sogar den Kampf mit harten Bandagen. Ob in der Familie oder im Beruf, sie streben nach leitenden Positionen und möchten gerne den Ton angeben. In Diskussionen oder auf Partys stehen sie gern im Mittelpunkt und oft bestimmen sie die emotionale Atmosphäre um sich. Gehemmte oder allzu kontrollierte Menschen fordern sie geradezu zur Provokation heraus.

Unter ihren Temperamentsausbrüchen haben andere manchmal zu leiden, und wenn sie richtig in Rage sind, kann es auch einmal den Falschen treffen. Meistens gehen ihre Gefühlswallungen aber schnell wieder vorbei – und danach ist das Thema auch erledigt und vom Tisch.

Wenn das Interesse geweckt ist, können sie sich schnell begeistern und sind sofort Feuer und Flamme – doch bald fesselt sie wieder ein neues Thema. Oft sind sie jedoch überempfindlich gegenüber gut gemeinter Kritik oder Ratschlägen und reagieren mehr instinktiv als bewusst. Sie lassen sich stark von ihren Gefühlen leiten und neigen oft zu übereilten Entschlüssen. Ihre impulsiven, unüberlegten Handlungen können zu einem Stolperstein in ihrem Leben werden. Im Übrigen sollten sie ihrer feurigen Natur genügend Raum zur Entfaltung geben und keine Angst haben, ins Fettnäpfchen zu treten. Dies gehört nun einmal zu ihrem Leben und kann auf vielen Gebieten auch zu Erfolg und Anerkennung führen.

Was Sie für Ihr seelisches Wohlbefinden tun können: Nutzen Sie Ihre Begeisterungsfähigkeit und Lebensfreude und entwickeln Sie ein unerschöpfliches Energiereservoir daraus. Mit Ihrem Unternehmungsgeist können Sie auch andere Menschen motivieren. Schreiben Sie sportliche Aktivitäten groß. Setzen Sie Ihre Kraft gezielt ein und bleiben Sie weiterhin offen, doch nicht ohne an die Gefühle anderer zu denken. Hier ist Taktgefühl gefragt. Die Widder-Mond-Kraft kann in einer Gemeinschaft wie ein alles vorantreibender Motor wirken. Lassen Sie den Mut niemals sinken und bewahren Sie sich Ihr pures und kindliches Wesen. Sie können Ihre Dynamik einsetzen, um andere wachzurütteln, ein Feuer der Begeisterung zu wecken und vielleicht sogar ein paar Heldentaten zu vollbringen. Vergessen Sie aber nicht, dass es auch so etwas wie Ruhe gibt!

Mond im Stier

Hier ist das Gefühlsleben beständig und konservativ eingestellt. Diese Menschen verbreiten eine Atmosphäre der Ruhe und Ausgeglichenheit, sind eher gemütvoll und lieben den Genuss in allen Formen: als gutes Essen, als erotisches Sinnesvergnügen, als Sinn für schöne Formen, Kunst und Musik.

Bei anderen erwecken sie im Allgemeinen viel Sympathie durch ihren natürlichen Charme und ihre Anteilnahme an deren Sorgen und Nöten. Es ist wichtig für sie, dass sie von den Menschen ihrer Umgebung akzeptiert werden. Sie lassen sich auch gerne verwöhnen, genießen Komfort und Schönheit und bewegen sich gerne in guter Gesellschaft. Emotional können sie aber auch sehr besitzergreifend sein und andere Menschen von sich abhängig machen. Manchmal sind sie sogar sehr eigensinnig und neigen zu Depressionen, wenn es das Leben allzu schlecht mit ihnen meint. Das ist auch dann der Fall, wenn sie ihr Gefühlsleben von einer zu sehr auf das Sinnliche orientierten Partnerschaft abhängig machen und dabei wirkliche Liebe und Vertrauen vernachlässigen.

WAS SIE FÜR IHR SEELISCHES WOHLBEFINDEN TUN KÖNNEN: Leben Sie Ihre Liebe zur Natur und zur einfachen Gemütlichkeit. Suchen Sie eine natürliche Umgebung, am besten mit einem ländlichen Touch – keine hochgestochenen Gesellschaften, sondern einen bescheideneren und ehrlichen Hintergrund. Heimatverbundenheit und Bodenständigkeit sind für Ihre seelische Ausgeglichenheit wichtig. Sie können auch anderen Menschen Orientierung bieten und wie ein Fels in der Brandung sein. Entfalten Sie Ihre Genussfähigkeit und Sinnlichkeit, jedoch ohne sich davon abhängig zu machen!

Mond in den Zwillingen

Hier sind die Gefühle sehr beweglich und veränderlich. Man ist stark beeindruckbar und empfänglich für neue Ideen und alle Bereiche der Kommunikation. Diese Menschen sind sehr kontaktfreudig, äußerst wissensdurstig, phantasievoll und neugierig, ihre Interessen sind sehr vielseitig. Sie sind sehr lebhaft, kommen mit jedermann leicht ins Gespräch und können gut argumentieren und überzeugen.

Doch manchmal können sie auch sehr launenhaft und von Unruhe geplagt sein. Auch sind sie nicht gerade der Inbegriff von Zuverlässigkeit, weil sie durch ihre vielen Interessen nur wenig Zeit für Details haben und meistens mehrere Dinge gleichzeitig erledigen möchten. Im Umgang mit anderen sind sie ziemlich flatterhaft und flirten gerne und oft. Sie haben deshalb in aller Regel einen großen Bekanntenkreis, auch wenn die meisten Beziehungen einen eher oberflächlichen und unverbindlichen Charakter haben – was andere manchmal verunsichert und vor allem in Partnerschaften zu Schwierigkeiten führen kann. Man will eben alle Facetten des Lebens kennen lernen und sich möglichst nirgends binden oder abhängig machen.

Was Sie für Ihr seelisches Wohlbefinden tun können: Ihre heitere und beschwingte Wesensnote macht Sie sympathisch und unkompliziert. Locker und offen gehen Sie auf andere zu. Nutzen Sie Ihre sprachlichen Talente und Ihre kommunikativen Fähigkeiten. Betrachten Sie das Leben möglichst von unterschiedlichen Seiten und entwickeln Sie viele bunte Interessen. Doch sammeln Sie die Informationen auch und versäumen Sie es nicht, sie umzusetzen und auch an andere Menschen weiterzugeben oder zu vermitteln. Nutzen Sie Ihre Stärke, Gefühle und Wünsche klar erkennen zu können und diese auch zu formulieren. Halten Sie im Übrigen an Ihren Ideen fest, vor allem aber: lassen Sie es nicht nur bei den Gedanken und Worten, sondern schreiten Sie auch zur Tat!

Mond im Krebs

Diese Menschen haben ein tiefes und intensives Gefühlsleben und eine stark ausgeprägte Vorstellungsgabe. Träume, Bilder und Phantasien bestimmen ihre Wünsche, und tief innen haben sie eine sehr romantische Ader. Sie sind liebevoll und sehr häuslich. Sie haben starke Gefühlsbindungen an die Eltern, die Familie und den Partner. Diese Bezugspersonen können ihr Leben im Guten wie im Schlechten übermäßig stark bestimmen. Sie selbst können andere, insbesondere ihre Kinder, mit ihrer Liebe und ihrem ausgeprägten Familiensinn geradezu erdrücken. Außerdem nehmen sie manche Dinge zu tragisch und machen aus einer Fliege allzu schnell einen Elefanten.

Für die Gefühle und Wünsche anderer Menschen sind sie außerordentlich sensibel. Der Tonfall, in welchem etwas zu ihnen gesagt wird, ist meist wichtiger als der Inhalt. Dementsprechend reagieren sie oft überempfindlich und launenhaft. Sie sind auch sehr leicht beeinflussbar. Außerdem möchten sie es allen Menschen recht machen und niemanden verletzen – und genau im falschen Moment explodieren sie oder machen sich andere durch eine ironische Bemerkung zum Feind. In der Partnerschaft sind sie jedoch sehr anhänglich und dem Frieden zuliebe sehr kompromissbereit, außer wenn man ihr Vertrauen missbraucht. Emotionale Geborgenheit ist für sie die Grundlage eines zufriedenen Lebens.

Was Sie für Ihr seelisches Wohlbefinden tun können: Pflegen Sie Ihre warmherzige, spontane und unbekümmerte Art. Helfen Sie, Vertrauen zwischen Menschen zu schaffen, und tragen Sie somit dazu bei, der Kälte unserer heutigen Zeit Wärme und Verständnis entgegenzusetzen. Zeigen Sie anderen, wie wichtig und erbaulich es ist, eine menschliche Einstellung zu pflegen. Schaffen Sie eine familiäre Atmosphäre um sich und vermitteln Sie Geborgenheit, ohne gleich eine Gegengabe zu erwarten.

Mond im Löwen

Hier hat das Innenleben etwas Dramatisches. Die Gefühle sind feurig, enthusiastisch, stolz und unabhängig. Im Kontaktverhalten sind diese Menschen offenherzig, spontan und mitteilsam, brauchen jedoch auch Anerkennung und viel Beachtung. Wenn man sie übersieht, dann reagieren sie schnell beleidigt und ziehen sich zurück.

Sie haben stark ausgeprägte Wünsche, die vom Genuss von Luxus und Komfort bis zur theatralischen Selbstdarstellung reichen. Sie möchten von ihren Mitmenschen geschätzt werden und lieben es, immer im Mittelpunkt des Geschehens zu stehen. So versammeln sie gern eine treue Schar von Bewunderern um sich. Sie lieben es auch, Wortführer für andere zu sein, und es gefällt ihnen, andere zu unterhalten. So erzählen sie oft Witze und verbreiten eine heitere Stimmung. Sie sind sehr gesellig, aber auch leidenschaftlich und nicht selten herrschsüchtig.

Manchmal überschätzen sie sich auch und schießen mit ihrem Enthusiasmus und ihrem Engagement über das Ziel ihrer Wünsche hinaus. Vor allem wenn man sie auf irgendeine Weise herabsetzt, ihnen beispielsweise „niedere" Arbeiten aufbürden möchte oder ihre Eigenständigkeit missachtet, können sie mit ihrem Ehrgeiz und Geltungsbedürfnis ausgesprochen arrogant reagieren.

WAS SIE FÜR IHR SEELISCHES WOHLBEFINDEN TUN KÖNNEN: Entwickeln Sie Ihre Führungsqualitäten und übernehmen Sie Verantwortung für andere. Stehen Sie zu Ihren großartigen Plänen und zu Ihrem Selbstvertrauen. Nehmen Sie auch den anderen die Zukunftsangst und geben Sie etwas von Ihrer Kraft ab. Befreien Sie andere von ihren Selbstzweifeln und von finsteren Gedanken. Bieten Sie Schwachen und Hilfsbedürftigen Halt, doch bewahren Sie auch die Distanz dabei. Nutzen Sie auch Ihre Begabung im Umgang mit Kindern und Jugendlichen.

Mond in der Jungfrau

Diese Menschen können ihre Gefühle gut verstecken hinter einer Maske der Unverbindlichkeit und Kühlheit – aber ihre echten Freunde und ihr Partner kennen auch ihre heftigen und leidenschaftlichen Seiten. Sie brauchen jedoch längere Zeit, bis sie sich einem anderen Menschen wirklich anvertrauen können, und selbst dann neigen sie noch dazu, ihre Gefühle zu kontrollieren und genau zu beobachten. Wenn sie sich aber einmal dazu entschlossen haben, etwas zu tun, so geschieht dies mit viel Hingabe und Aufopferungsbereitschaft.

Im Kontakt mit anderen Menschen wirken sie deshalb eher zurückhaltend, manchmal sogar kühl und reserviert. Sie beobachten deren Gefühle sehr genau und nehmen manche Aussagen viel zu persönlich. Mit ihren Nörgeleien und einer überkritischen Haltung können sie die Atmosphäre negativ beeinflussen. Manchmal können sie ziemlich phantasielos und erschreckend nüchtern sein. Für Romanzen und Abenteuer haben sie meist keinen Sinn.

Sie sind sehr wissbegierig und entwickeln eine gute Menschenkenntnis. Sie lehnen unnötigen Prunk ab und können sich auch mit einfachen Lebensumständen zufrieden geben. Oft liegt ihnen auch besonders viel an einer natürlichen Ernährung, einer gesunden Umwelt sowie Ordnung und Sauberkeit im häuslichen Bereich.

WAS SIE FÜR IHR SEELISCHES WOHLBEFINDEN TUN KÖNNEN: Nutzen Sie Ihr Organisationstalent und Ihr Pflichtbewusstsein, um Ihren Alltag von unnötigem Ballast zu befreien. Vermitteln Sie anderen etwas von Ihrer Systematik. Dank Ihrer Fähigkeit, auch Details große Aufmerksamkeit zu schenken, sind Sie stets gut vorbereitet. Bewahren Sie sich Ihren Sinn für die Realität und stärken Sie Ihre geistigen Kräfte. Geben Sie Ihrem Bedürfnis nach Weiterbildung nach und halten Sie Ihren Intellekt in Schwung. So können Sie beobachten und erkennen, was vielen anderen verborgen bleibt.

Mond in der Waage

Gefühlsmäßig ist man hier stark auf die Mitmenschen – und besonders auf den Partner – ausgerichtet. Es ist wichtig, dass man möglichst von allen geliebt und anerkannt wird. Waage-Mond-Menschen sind zu jedermann freundlich, zuvorkommend und hilfsbereit – der Charme scheint ihnen in die Wiege gelegt worden zu sein. Sie haben gerne Freunde um sich, lieben gesellschaftliche Anlässe und Partys und haben meist einen großen Bekanntenkreis. Sie haben ein ausgeprägtes Taktgefühl und sind sehr anpassungsfähig. Sie sind bereit, sich auf andere Menschen einzustimmen und sich für sie einzusetzen, sind dafür aber auch abhängig von deren Meinung und lassen sich leicht beeinflussen, was unter Umständen ausgenutzt wird.

Streit und alltägliche Konflikte bringen sie aus dem Gleichgewicht und können sie sogar krank machen, weshalb sie alles tun, um Konfliktsituationen zu vermeiden. Manchmal haben sie auch ein richtiges „Glashaus" um sich herum aufgebaut, um sich von unliebsamen emotionalen Wirren fernzuhalten. Dies kann einer eigentlichen Angst vor tieferen und intensiveren Gefühlen entspringen. Einmal aus dem Gleichgewicht gebracht, können sie sich jedoch auch in sehr extreme Gefühlsausbrüche hineinsteigern, was diejenigen, die das miterleben, in Schrecken und tiefes Erstaunen versetzt.

WAS SIE FÜR IHR SEELISCHES WOHLBEFINDEN TUN KÖNNEN: Nutzen Sie Ihren Sinn für Gerechtigkeit bei diplomatischen Missionen. Sie können zwischen den Fronten mit Taktgefühl und guten Argumenten vermitteln. Setzen Sie sich für Harmonie und den Ausgleich der Interessen ein und tragen Sie somit dazu bei, Streitfälle zu vermeiden. Ihr Sinn für Schönheit und Eleganz kann auch auf gesellschaftlicher Ebene als Vorbild wirken. Vermitteln Sie anderen Ihr Gespür für Kunst und Kultur und werden Sie zum Botschafter der Lebenskunst.

Mond im Skorpion

Auch wenn man es kaum bemerkt: Hinter der Ruhe und scheinbaren Unbeeinflussbarkeit steht ein tiefes, leidenschaftliches und äußerst bewegtes Gefühlsleben, das immer wieder an die Geheimnisse der menschlichen Seele rührt. Diese Menschen haben intensive Gefühle. Außerdem sind sie unerschrocken und scheuen in Konfliktsituationen keine Auseinandersetzung. Sie haben sogar eine kämpferische Einstellung. Sie haben ein tiefes Bedürfnis nach absoluter Liebe und suchen vielleicht ein Leben lang nach einem oder mehreren Menschen, mit denen sie ihre innersten Gefühle teilen können. Grundsätzlich bringen sie anderen Menschen ein hohes Maß an Grundvertrauen und Hingabe entgegen, doch wenn sie enttäuscht werden, wandeln sich diese schnell in sehr konträre, dunkle Gefühle um. Dann können sie sehr eigensinnig und rücksichtslos werden und manchmal fast selbstquälerisch. Persönliche Beleidigungen vergessen sie kaum jemals, und wenn sie jemand verletzt hat, so reagieren sie hart und unerbittlich. Auch Eifersucht kann eine Quelle steter Unzufriedenheit sein.

Dieser dunklen Seite steht jedoch eine tiefe Innerlichkeit gegenüber, eine leidenschaftliche und auch sehr romantische Natur, die viel Opferbereitschaft und Hingabe kennt. Diese Menschen können zwar heftige Gefühlsausbrüche haben, manchmal aber auch wieder still, geheimnisvoll und unnahbar in die eigene Traumwelt versunken sein.

WAS SIE FÜR IHR SEELISCHES WOHLBEFINDEN TUN KÖNNEN: Nutzen Sie Ihre analytische Beobachtungsgabe und Ihr psychologisches Geschick und verlassen Sie sich auf Ihren Instinkt. Beachten Sie Ihre innere Stimme, die Ihnen immer wieder gute Dienste leisten kann. Setzen Sie Ihre aufmerksamen Augen und Ihr sagenhaftes Gespür auf allen Ebenen des Lebens ein. So können Sie dabei helfen, Missverständnisse oder Intrigen aufzudecken. Ebenso können Sie bei anderen den Blick für das Hintergründige schärfen und somit verhindern, dass diese in Oberflächlichkeit verharren. Stehen Sie zu Ihrer Tiefe!

Mond im Schützen

Diese Gefühlsnatur ist heiter, optimistisch und begeisterungsfähig. Hier liegt eine Quelle für den starken Drang nach neuen Erfahrungen und Erkenntnissen, aber auch die Quelle für innere Unrast und Ruhelosigkeit. Jedenfalls findet man hier einen ausgeprägten Unternehmungsgeist. So lieben diese Menschen oft Reisen und Entdeckungsfahrten und den Besuch von Sehenswürdigkeiten wie Schlössern, Museen, Denkmälern oder Wunderwerken der Technik. Philosophische Dispute über weltanschauliche Fragen liegen ihnen mehr als romantische Stunden oder familiäre Angelegenheiten. Sie werden oft angetrieben von einem riesigen Erlebnishunger, und so lieben sie es, wenn etwas los ist.

Ihre große Impulsivität und feurige Spontanität lässt sie oft ins Fettnäpfchen treten und Dinge sagen, die sie später vielleicht bereuen. So können sie manchmal ausgesprochen arrogant und überheblich sein und

Menschen, die sie eigentlich mögen, mit ihrer scharfen Zunge mehr verletzen, als sie dies beabsichtigt haben, denn eigentlich haben sie einen zutiefst menschenfreundlichen Zug und sind außerdem auf die Anerkennung durch ihre Mitmenschen stark angewiesen. Sie brauchen Publikum, das ihnen zuhört und sie anerkennt.

WAS SIE FÜR IHR SEELISCHES WOHLBEFINDEN TUN KÖNNEN: Pflegen Sie Ihre humorvolle Seite. Damit können Sie andere Menschen viel besser überzeugen, was Ihnen ein tiefes Anliegen ist. Stehen Sie zu Ihrem Idealismus und vertreten Sie selbstbewusst Ihre Träume. Gerade dass Sie in Ihrem Herzen noch ein Kind sind, macht Sie so sympathisch. Helfen Sie anderen dabei, auch für das Gute einzutreten. Vermitteln Sie geistige Strukturen, die auf Zuneigung und gegenseitigem Respekt aufbauen.

Mond im Steinbock

Mit den Gefühlen sind diese Menschen eher zurückhaltend, ernst und ruhig. Im Gegensatz zu anderen, die ihr Herz gleichsam auf der Zunge tragen, sind sie eher schweigsam und vorsichtig in ihren Gefühlsäußerungen. Das heißt jedoch nicht, dass innerlich keine Gefühle vorhanden sind – im Gegenteil: Sie können viele Dinge und Situationen stärker und tiefer empfinden als andere. Sie lieben es sogar, sich Lebenssituationen auszusetzen, die sie emotional herausfordern, und sie können in gefühlsmäßigen Stress-Situationen besonders gut ruhig und beherrscht bleiben. Oft sind sie der Fels in der Brandung, wenn sich andere Gemüter erhitzen, aufregen oder sonstwie die Nerven verlieren.

Allerdings neigen sie zu einer übergroßen Nüchternheit und Phantasielosigkeit. Oft nehmen sie die Dinge und Geschehnisse um sich herum allzu ernst und reagieren in gewissen Lebenssituationen eher gefühlskalt. Bevor sie sich einem anderen Menschen von ihrer Gefühlsseite her öffnen, möchten sie zuerst sicher sein, dass dieser sie auch versteht und vollkommen akzeptiert. Diese Sicherheit können sie jedoch nur erlangen, wenn sie sich ebenfalls öffnen!

Was Sie für Ihr seelisches Wohlbefinden tun können: Lernen Sie vor allem, das Leben auch von seinen schönen und heiteren Seiten zu sehen. Öffnen Sie sich gegenüber den Gefühlen Ihrer Mitmenschen und versuchen Sie Ihre zeitweilige Einsamkeit und Isolation zu überwinden. Bringen Sie immer wieder Ihre Gefühle durch Kreativität, Sinnlichkeit, Kunst, spielerisches Theater, psychologische Selbsterfahrung oder Bewegungsmeditationen positiv zum Ausdruck. Und vor allem: Verlieren Sie nie den trockenen Humor, den Sie eigentlich haben. Lernen Sie aber auch, über sich selbst zu lachen!

Mond im Wassermann

Viele Hoffnungen, Wünsche und ein großer Ideenreichtum bestimmen hier das lebhafte Gefühlsleben. Diese Menschen haben einen ausgeprägten Sinn für kultivierten Humor und treffenden Witz, und sie lieben es, alle diese Eigenschaften im gepflegten Freundeskreis zum Ausdruck zu bringen. Für sie ist es wichtig, gefühlsmäßig frei zu sein und ihre vielfältigen und manchmal recht originellen Beziehungen ungehindert ausleben zu können. Sie legen großen Wert auf Gleichwertigkeit in Beziehungen. Kameradschaft und Freundschaft haben in ihren Augen einen besonderen Stellenwert.

Trotz ihrer leutseligen Art können sie aber auch unnahbar und abweisend sein. Ihr Freiheitsdrang verhindert es oft, dass sie sich wirklich auf eine echte, tiefe Beziehung mit anderen Menschen einlassen, und macht sie irgendwie unverbindlich. Gefühle werden im Allgemeinen zu stark analysiert und nur verbunden mit philosophischen und psychologischen Anschauungen zum Ausdruck gebracht. Oft fehlt deshalb der echte, spontane und natürliche Kontakt von Mensch zu Mensch, der auch dunklere Gefühle wie Traurigkeit, Zorn und Ängste umfasst. Am liebsten wäre es ihnen, wenn die menschliche Natur frei von solchen Aspekten wäre.

Was Sie für Ihr seelisches Wohlbefinden tun können: Esoterische, philosophische und psychologische Studien bringen Ihnen große

Befriedigung. Lernen Sie jedoch auch, Gefühle ohne die Brille Ihres analytischen Verstandes wahrzunehmen und direkt und unmittelbar zum Ausdruck zu bringen. Versuchen Sie einmal, gegenüber einem Freund oder dem Lebenspartner Ihre tiefsten und innigsten Gefühle direkt zu offenbaren. Vielleicht werden Sie die Erfahrung machen, dass er Sie dann besser versteht als vorher!

Mond in den Fischen

Diese Menschen haben eine äußerst sensitive Gefühlsnatur, die stark auf die Stimmungen anderer reagiert. Sie sind gesellig und gutmütig. Phantasien, Wünsche, Träume und manchmal sogar mediale Begabungen sind ihr eigentliches Lebenselixier. Neben Poesie, Kunst und Musik nehmen oft auch spirituelle und religiöse Interessen einen wichtigen Raum ein in ihrem Leben und können ihnen eine tiefe innere Zufriedenheit schenken. Sie sind sehr hilfsbereit, entgegenkommend und lieben den Kontakt zu guten und ehrlichen Freunden. Mit diesen können sie sehr humorvoll sein und sich auch über Kleinigkeiten freuen wie ein Kind, so herzlich und spontan!

Ihre sensitive Gefühlsnatur hat aber auch zur Folge, dass sie auf die Gefühle und Wünsche ihrer Mitmenschen – allen voran der Partnerin oder des Partners – zu stark reagieren. Dies kann sich zuweilen in extremen Stimmungsschwankungen oder Minderwertigkeitsgefühlen äußern. Wie ein Gefühlsbarometer spiegeln sie nämlich die – manchmal auch unterdrückten und verdrängten – Gefühle anderer Menschen und werden dadurch selbst verwundbar, was sie leicht in innere Krisen stürzt.

WAS SIE FÜR IHR SEELISCHES WOHLBEFINDEN TUN KÖNNEN: Vermeiden Sie jegliche Abhängigkeit von Sekten und falschen Predigern. Entdecken Sie vielmehr Ihren eigenen Weg zu spirituellem Wachstum. Lernen Sie auch, Ihre eigenen Gefühle von denen Ihrer Mitmenschen zu unterscheiden und sich gegebenenfalls von deren Wünschen und Bedürfnissen abzugrenzen, bevor es zu Enttäuschungen kommt oder Sie in Ihrer Gutmütigkeit ausgenutzt werden. Vermitteln Sie vielmehr anderen Menschen, dass Liebe und Mitgefühl lebenswichtig sind. Mit dieser Erkenntnis können Sie anderen den Rücken stärken und aus dem resultierenden Erfolg ihre eigene Kraft beziehen. Da Sie es gut verstehen, zwischen den Zeilen zu lesen und auch die leisen Töne wahrzunehmen, dringen Sie mitunter in Welten vor, die anderen verschlossen bleiben. Vertrauen Sie auf Ihre Phantasie und Intuition und glauben Sie an Ihre Träume, um sie Wirklichkeit werden zu lassen.

Prävention: Mit gesunder Selbstliebe fängt alles an

Wer mit sich in Harmonie lebt und über ein gut funktionierendes Selbstvertrauen verfügt, hat schon die besten Voraussetzungen, um auch sein körperliches Gleichgewicht und somit seine Gesundheit zu erhalten. Natürlich fällt das nicht allen Menschen gleichermaßen leicht. Doch man kann auch etwas dafür tun. Zunächst sollte man sich einmal selbstkritisch betrachten und überlegen, was man verbessern könnte. Manchmal sind es nur ein paar Kleinigkeiten, mit deren Hilfe man sein Selbstbewusstsein verbessern kann. Doch auch wenn es einiger intensiverer Maßnahmen bedarf, wie zum Beispiel einer Diät, sollte man sich nicht davon abschrecken lassen und resignieren. Wer jeden Tag aufs Neue bereit ist, sein Leben mitzugestalten und sich positiv auf die Zukunft einzustimmen, wird damit erfolgreich sein. Selbstbewusstsein verbunden mit Selbstliebe ergeben sich dann fast von alleine. Viele Menschen halten ein gut funktionierendes Selbstbewusstsein für etwas Verwerfliches und verwechseln es mit Eitelkeit und Arroganz. Doch das stimmt nicht. Ein gesundes Selbstbewusstsein ist etwas ganz Natürliches. Menschen, die über Selbstachtung verfügen, können auch andere Menschen achten und sich somit in einen positiven Kreislauf einbringen. Der wahre Wert eines Menschen hängt nicht davon ab, was er erreicht hat, was er besitzt und was er im Leben darstellt. Wer sich selbst für wertvoll hält und als ein Geschöpf Gottes ansieht, der wird von seinen Mitmenschen ebenfalls geachtet werden.

Darüber hinaus ist auch die Zeit, die wir uns nehmen, um uns gute Gedanken und Frieden zu gönnen, von großer Bedeutung für unsere Gesundheit. Dies sollten sich vor allem diejenigen zu Herzen nehmen, die tagtäglich in einer hektischen, lauten und vielleicht auch sehr negativen Atmosphäre arbeiten müssen. Jeder von uns braucht einen Rückzugsort, ein Zentrum der Stille, wo er so wenig gestört wird wie in der Tiefe des Ozeans, mag der Wind darüber auch noch so wehen. Auch wenn dieser Ort nur in der eigenen Vorstellung existiert, hat er eine entspannende Wirkung. Der (vorübergehende) Aufenthalt dort nimmt den Druck von unseren Sorgen und Bedrängnissen, er erfrischt uns und er gibt uns Kraft, die wir zur Bewältigung der täglichen Anforderungen brauchen. Jeder Mensch trägt dieses absolut stille Zentrum in sich – ein Zentrum, das durch nichts in der Welt wirklich aus dem Gleichgewicht gebracht werden kann. Wir müssen dieses Zentrum in uns kennen lernen und immer wieder versuchen, es aufzufinden, denn nur dort finden wir wirklich Ruhe und Erholung. Immer wenn wir im Lauf des Tages einmal freie Augenblicke haben, sollten wir uns dorthin zurückziehen, vielleicht während der Bahnfahrt, zwischen zwei Verabredungen, vor einem Theaterabend oder nach der Arbeit. Sobald wir merken, dass die Spannung in uns steigt, sobald wir uns gehetzt oder gejagt fühlen, sollten wir in den stillen Raum einkehren. Dabei hilft folgende kleine Übung, die Sie mehrmals, über den Tag verteilt, machen können. In diesen wenigen Minuten völliger Entspannung lassen wir alles wieder aufleben, was wir an dem stillen Raum lieben. Wir stellen uns vor, in einem bequemen Lehnstuhl zu sitzen, völlig entspannt und im Frieden mit unserer Umwelt. Hier fühlen wir uns absolut sicher, hier kann uns nichts mehr erreichen, hier haben wir keine Sorgen, wir haben sie vor der Tür gelassen. Wir brauchen uns hier nicht zu entscheiden, wir brauchen uns nicht zu sorgen oder zu beeilen.

Nur ein paar Minuten Erholung, und wir fühlen uns nicht mehr so überdreht. Die Zeit ist nicht verschwendet, sie ist gut eingesetzt. Mit einer solchen inneren Gelassenheit ist es unserem Geist und unserem Körper leichter möglich, sich zu regenerieren und neue Kraft zu schöpfen.

Krankheit als Chance

Die meisten Menschen kommen völlig gesund zur Welt. Jedes Organ erfüllt seine Aufgabe vollkommen. Dies ist der Normalzustand. Bei jeder Krankheit und jedem Leiden ist etwas aus dem Gleichgewicht geraten.

Auf die Beantwortung der Frage, was das denn ist, kann uns die Astrologie ebenfalls eine Antwort geben. So wie man jedem Tierkreiszeichen bestimmte Körperteile und Organe zuordnet (wie ab Seite 11 dargestellt), kann man umgekehrt auch zu jeder Krankheit bzw. zu jedem betroffenen Körperbereich auf eine dahinter verborgene Thematik schließen. Das bedeutet zum Beispiel, dass Kopfschmerzen etwas mit Ihren Problemen zu tun haben können, die Sie vielleicht mit der Durchsetzung Ihrer eigenen Interessen haben, und Rückenschmerzen im Lendenwirbelbereich ein Hinweis auf eine partnerschaftliche Krise sein können. Es lohnt sich in jedem Fall, einmal darüber nachzudenken. Damit wird eine Krankheit auch zu einer Chance, sich mit dem Lebensbereich auseinander zu setzen, der aus dem Gleichgewicht geraten ist. Nachfolgend finden Sie die Körperbereiche von Kopf bis Fuß und die entsprechende thematische Zuordnung aufgelistet:

Erkrankter Bereich: Kopf, Gehirn, Gesicht
Entsprechende Themen: Das eigene Ich, Image, Durchsetzung der individuellen Interessen, Selbstdarstellung, Erscheinung, Gestaltung der Persönlichkeit, Kindheit

Erkrankter Bereich: Hals, Nacken, Schilddrüse
Entsprechende Themen: Der eigene Besitz, Materie, Geld, Festhalten am Besitz oder an Gewohnheiten, Festigkeit, materielle Grundlagen des Lebens

Erkrankter Bereich: Atmungsorgane, Stimmbänder, Arme, Hände
Entsprechende Themen: Die täglichen Beziehungen zu Personen der näheren Umgebung, Kontaktaufnahme, Kommunikation, Information, Geschwister, Nachbarn

Erkrankter Bereich: Magen
Entsprechende Themen: Heimat, Herkunft, Familienleben, Beziehungen zum Elternhaus, Erbanlagen, Immobilien, Land

Erkrankter Bereich: Herz, Blutkreislauf, Brustwirbelsäule
Entsprechende Themen: Unterhaltung, Kreativität, Spekulation, Sicherung der Nachkommenschaft, Kinder, Liebe, Liebesfreuden, Zuneigung

Erkrankter Bereich: Darm, Verdauungsapparat
Entsprechende Themen: Tägliche Pflichten, Arbeit, Organisation des Alltags, Dienst am Nächsten, Gesundheit, Angestellte

Erkrankter Bereich: Nieren, Nierenbecken, Lendenwirbelsäule
Entsprechende Themen: Partnerschaft, Heirat und Ehe, Gemeinschaft, öffentliches Leben, Durchsetzungsvermögen des Partners

Erkrankter Bereich: Geschlechtsorgane, Anus
Entsprechende Themen: Erfahrungen mit dem Thema Tod, Geburt, Geheimnisse des Lebens, Erbschaften, Versicherungen, Legate, der Besitz des Partners

Erkrankter Bereich: Hüfte, Oberschenkel
Entsprechende Themen: Studien, Reisen, Ausland, Religion, Philosophie, Verinnerlichung, Gesetzgebung, Recht, Sinnfrage

Erkrankter Bereich: Knie
Entsprechende Themen: Lebenskampf, Karriere, Ehrgeiz, berufliche Anerkennung, Stellung in der Gesellschaft, Lebens-
ziel, Ehren, Titel, Höhepunkt des Lebens

Erkrankter Bereich: Schienbein, Waden
Entsprechende Themen: Menschenliebe, Kameradschaft, Freundeskreis,
Wünsche und Hoffnungen, Hilfsbereitschaft

Erkrankter Bereich: Füße, Fersen, Zehen
Entsprechende Themen: Abgeschlossenheit, Einsamkeit, Rückzug, Le-
bensabend, Spiritualität, Visionen

Der Philosoph LeShan sagte einmal: „Vom Standpunkt der ganzheitlichen Medizin aus gesehen ist Krankheit ein Zeichen dafür, dass in einem Leben etwas nicht stimmt. Die Aufgabe besteht darin, herauszufinden, worum es geht, und sich entsprechend zu verhalten."

Es gibt mehrere mögliche Gründe dafür, dass ein Mensch nicht mehr in Harmonie mit sich selbst und damit mit dem Fluss der Schöpfung ist. Am häufigsten ist die Vernachlässigung einer oder mehrerer Ebenen des Daseins. Ein weiterer Grund ist jener verletzliche und meist schmerz-hafte Prozess, der in Gang kommt, sobald sich ein Mensch zwischen zwei stabilen Phasen seiner Entwicklung befindet. Dann gibt es noch nach den Lehren vieler Religionen hoch entwickelte Seelen, die freiwillig die Bürde des Leidens und der Krankheit auf sich nehmen, um anderen die Last zu erleichtern.

Doch ein Mensch der wirklich leidet und vielleicht auch noch von großen Schmerzen geplagt wird, möchte einen Ansatzpunkt finden, um zu einer Besserung seiner Beschwerden zu gelangen, um wieder neue Hoffnung schöpfen zu können und schließlich die Krise zu überwinden.

Das Wort „Krise" oder „Krisis" kommt aus dem Griechischen und bedeutet sinngemäß „Auswahl" oder „Entscheidung". Eine Krisis ist also eine Art Weggabelung. Die eine Seite bringt die Aussicht auf Besserung, die andere die Möglichkeit der Verschlechterung. In der Medizin ist die Krisis der Wendepunkt, an dem der Patient entweder aufgibt oder die Krankheit überwindet. So ist jede Krisis eine Situation der Entscheidung.

Der Neurologe J. H. Hardfield analysierte in einer breit angelegten Untersuchung die außerordentlichen Kräfte, die dem Menschen in einer Krisensituation zu Hilfe kommen können. Es sind Kräfte körperlicher, seelischer und geistiger Art. So grenzt es immer wieder an ein Wunder, wie Menschen in Zeiten der Not plötzlich zu Kräften gelangen, die sie sich vorher nicht einmal erträumt hätten. Man schreckt vor Schwierigkeiten so lange zurück, bis man durch die Lebensumstände gezwungen ist, sie mit aller Kraft zu bewältigen. Dann aber entwickelt man plötzlich ungeahnte Kräfte. Wer der Gefahr ins Auge sehen muss, dem wächst der Mut. Wenn einem das Schicksal eine unendliche Kette von Leiden auferlegt, dann entwickelt man die Kraft, sie irgendwie zu ertragen. Eine ungeahnte Widerstandskraft entsteht. Die Erfahrung lehrt, dass man großen Anforderungen gerecht werden kann, wenn man mutig und selbstvertrauend auf sie zugeht. Das Geheimnis liegt darin, der Gefahr furchtlos entgegenzutreten und der eigenen wachsenden Kraft voll zu vertrauen. Das bedeutet: eine aktive, zielstrebige Haltung einzunehmen und nicht zu fliehen.

Der kanadische Physiologie-Professor Dr. Hans Selye zum Beispiel hat gezeigt, dass der Körper über eigene Mechanismen verfügt, um sich in jeder Lebenslage so gesund und so normal wie möglich zu erhalten. Der gesunde, anpassungsfähige, lebenskräftige Organismus bleibt lange jung und elastisch, ehe er dem natürlichen Alterungsprozess unterliegt. Selye hat nicht nur nachgewiesen, dass dem Körper Kräfte innewohnen, die zur Selbstheilung drängen, sondern er hat bewiesen, dass diese Art der Selbstheilung aus eigener Kraft entscheidend für eine wirkliche Ausheilung und Gesundung ist. Die Anpassungsenergie des menschlichen Körpers führt also zur Heilung. Sie lässt aus einer frischen Wunde die feste Kruste werden, sie lässt eine Brandblase entstehen, sie überzieht eine Abschürfung wieder mit neuer Oberhaut und sie besiegt die eindringenden Bakterien.

Man muss sich immer wieder klarmachen, dass ohne die innere positive Einstellung auch die beste Behandlung oder der fähigste Arzt nicht helfen kann, wenn der Mensch sich nicht öffnet und sich für den positiven Lebensweg entscheidet. Doch das ist das eigentliche, scheinbar unlösbare Problem: Woher soll man die positive Einstellung nehmen, wie soll man sich freuen oder an sich glauben können, wenn man doch verzweifelt oder trostlos ist? In diesem Zusammenhang sollte man von einem bestimmten Bereich des Gehirns sprechen, der nichts mit Denken, Erinnern und Speichern von Erfahrungen zu tun hat. Es ist ein Hochleistungslabor von unglaublichen Fähigkeiten: In ihm werden „Drogen" produziert. Ihrer chemischen Struktur nach sind sie manchen Rauschgiften zum Verwechseln ähnlich. Wenn diese Drogen ins Blut gelangen, vermitteln sie jenes bekannte Glücksgefühl, das uns gelegentlich befällt, wenn wir wunderschöne Musik hören, einem besonders sympathischen Menschen begegnen oder sonst ein positiv bewegendes Erlebnis haben. Immer dann, wenn wir uns gegenüber Schönem oder Beglückendem offen zeigen – und wäre es nur das Wahrnehmen einer kleinen Blume am Wegesrand –, dann schüttet unser Gehirnlabor seine „Glücksdrogen" aus, die man im Übrigen „Endorphine" nennt. Dann fühlen wir uns plötzlich wie berauscht, beschwingt, innerlich glücklich. Wie man inzwischen weiß, sind in diesem Zustand auch die Abwehrkräfte besonders lebendig, wach und schlagkräftig.

Das ist genau die Erkenntnis, die wir heute so nötig brauchen: Es gibt in jeder Situation eine Möglichkeit, innerlich zufrieden, ja glücklich zu sein. Dazu müssen wir uns dem Schönen öffnen. Natürlich auch oder gerade dann, wenn wir ein Problem oder eine Krankheit zu bewältigen haben. Man muss seine Endorphine abrufen, um das Abwehrsystem zu stabilisieren. Das ist die so wichtige, ja nötige positive Seite der psychosomatischen Zusammenhänge. Man darf nicht nur die negative Seite sehen: dass Angst und Sorgen, Verkrampfung und Verklemmung, übertriebener Ehrgeiz und psychische Probleme zu körperlichen Erkrankungen führen können. Umgekehrt kann Freude auch Krankheiten vorbeugen und sie heilen. Und sie muss zum Zuge kommen. Täglich wenigstens für einige Augenblicke.

Therapien nach astrologischen Gesichtspunkten

Unter einer Therapie versteht man eine längerfristige Behandlung des Körpers oder der Seele zur Heilung einer Erkrankung. Zu Therapien zählen Kuren genauso wie psychologische Verfahren und im weiteren Sinn alles, was der Wiederherstellung der Gesundheit dient. Die Vielzahl heute existierender Therapien macht es immer komplizierter, die geeignete Methode für einen bestimmten Menschen und für ein bestimmtes Problem auszuwählen. Anhand der astrologischen Informationen, die Sie in diesem Buch bisher bekommen haben, dürfte es Ihnen jedoch etwas leichter fallen, für sich selbst oder auch für andere eine passende Form zu finden. Beachten Sie bei allen Rückschlüssen, die Sie aus Ihren Erkenntnissen ziehen, dass es schließlich gilt, mehrere Horoskopfaktoren zu beachten, also nicht nur das so genannte Sternzeichen, sondern für das Thema Gesundheit zusätzlich noch: den Aszendenten, die Mondstellung sowie die Spitzen des sechsten, achten und zwölften Hauses. So kann es durchaus angemessen sein, einem Menschen mit einer Jungfrau-Sonne (also jemandem mit Sternzeichen Jungfrau) eine Stier-Therapie zu empfehlen, wenn sein Aszendent oder/und sein Mond im Zeichen Stier zu finden sind. Auch hier bestätigt sich, dass eine astromedizinische und auch astropsychologische Betrachtungsweise tiefere Einblicke in das Wesen von Menschen gestattet.

Im Folgenden soll nun gezeigt werden, welche Therapiemethoden zu den einzelnen Tierkreiszeichen bzw. zu den einzelnen Elementen (ab Seite 116) passen. Hierbei ist der Begriff Therapie in einem sehr weiten

Sinn zu verstehen, denn es wurde auch aufgeführt, was den betreffenden Tierkreiszeichen schlicht und einfach gut tut, und nicht zuletzt das, womit sie am besten vorbeugen können.

Therapien für den Widder

Für gute Gehirndurchblutung sorgen. Den Kopf anstrengen. Denkübungen und Gedächtnistraining machen. Bei Kopfschmerzen und einsetzender Migräne nachfragen: Worüber zerbreche ich mir den Kopf? Die seelischen Ursachen ergründen und den Arzt konsultieren. Möglichst wenig Schmerztabletten zu sich nehmen, weil diese das Problem nicht lösen. Auch erkennen, dass nicht alles mit dem Kopf zu steuern ist. Mut haben, einmal nachzugeben, sich fallen zu lassen. Nicht immer siegen, nicht immer der oder die Stärkere sein wollen. Übertreibungen vermeiden. Sich entspannen, wenn möglich durch autogenes Training. Einen „kühlen Kopf" bewahren.

Therapien für den Stier

Gegen Trägheit gewappnet sein, besonders in der zweiten Lebenshälfte. Zu großes Sicherheitsbedürfnis schränkt die Freiheit ein. Alle Halserkrankungen ernst nehmen, ohne in Panik zu verfallen, wenn es im Hals kratzt. Die Stimmbänder schonen und warm halten, die Schilddrüse im Auge behalten. Mandelentzündungen früh behandeln. Vorsicht vor zu viel Hausmannskost und einem zu üppigen Leben. Vegetarische Wochen einlegen und zum Ausgleich für viel körperliche Bewegung sorgen: hinaus in die Natur oder in den eigenen Garten. Sich mit Heilkräutern kurieren. Auf Umweltgifte achten. Bei Erkrankungen Geduld bewahren. Heilung braucht Zeit.

Therapien für die Zwillinge

Für gute Atmung und frische Luft sorgen. Bei Erkältungen darauf achten, dass die Lungen gut mit Luft versorgt werden. Die Lunge ist das Symbol des Austausches, des Wahrnehmens. Das richtige Ein- und Ausatmen trainieren. Das Leib-Seele-Problem sollte gelöst werden, also Atemübungen in diesem Sinne machen. Brustkorbtraining. Dazu die innere und äußere Nervosität bekämpfen. Vorsicht vor dem Drang, zu viel auf einmal tun zu wollen. Bei allem Streben nach Abwechslung auch zur Ruhe finden. Viel Bewegung auch bei schlechtem Wetter. Keine Machtansprüche stellen.

Therapien für den Krebs

Ärger nicht hinunterschlucken. Versuchen, offener zu werden. Acht geben, dass nervöse Überempfindlichkeit sich nicht auf das Nervensystem überträgt. Folglich für Ruhe des Gemüts sorgen. Sich nicht mit äußeren Dingen trösten, keine Süßigkeiten, keinen Alkohol als Ersatz oder Belohnung konsumieren. Eher hin und wieder Diät halten und sich über den Erfolg freuen. Nicht überall Feinde wittern. Zwischen Hypochondrie und ernst zu nehmenden Krankheitssymptomen unterscheiden lernen.

Therapien für den Löwen

Das Herz hüten, auch wenn es stark ist. Den Kreislauf beachten. Den Drang, das Leben im Übermaß auszukosten, einschränken. Keinen Raubbau der Kräfte betreiben, auch wenn für gewisse Zeit Stärke nach außen gezeigt werden kann. Sich bei kleineren, nervösen Herzattacken besinnen. Nicht zu lange den Helden spielen. Etwas für die körperliche Ertüchtigung tun. Sich dem Älterwerden stellen. Innere Werte und Weisheit über äußere Attraktivität stellen.

Therapien für die Jungfrau

Auf die Verdauung achten, ohne überempfindlich zu reagieren. Kein schneller Griff zu Abführmitteln. Sich selbst zur regelmäßigen Verdauung erziehen. Keine Schlacken im Körper lassen. Für gesunde Kost sorgen: viel frisches Gemüse und Obst, keine Konserven. Nicht zu viel auf die Erfolge anderer schauen und sich nicht von Neid und Ärger zerfressen lassen. Nachsicht zeigen. Die Vorsorge und das Absicherungsbedürfnis nicht übertreiben. Das Nervensystem schonen. Versuchen, alles ein wenig gelassener anzugehen. Die Festtage genießen. Sich auch etwas gönnen. Lebensfreude fördern.

Therapien für die Waage

Nierenstörungen auch auf seelische Ursachen – wie Schwierigkeiten in der Partnerschaft oder Probleme mit anderen Menschen – hin durchdenken. Viel stilles Wasser trinken. Auf gute Durchspülung der Nieren achten. Eitelkeiten überwinden und die Nieren warm halten. Acht geben auf Wasserstörungen im Körper. Auf kleinste Ödeme aufpassen. Den Konsum von Süßigkeiten als Liebesersatz einschränken und dafür Fastentage unter ärztlicher Aufsicht einlegen. Blutreinigungskuren in Maßen sind angebracht. Möglichst wenig Salz verwenden, dafür mit Kräutern würzen. Hauterkrankungen frühzeitig erkennen und ernst nehmen.

Therapien für den Skorpion

Warnung vor allen Übertreibungen. Auf Unterleibs- und Fortpflanzungsorgane achten. Sich mit der eigenen Angst vor Niederlagen und vor dem Alter auseinander setzen. Nicht der Welt unsterbliche Jugend beweisen wollen. Vorsicht vor Giften (zum Beispiel giftige Pilze). Zeiten, in denen strenge Lebensdisziplin gefordert ist, hinnehmen. Von drei Ausschweifungen zwei in letzter Minute streichen. Auf Erkrankungen der Nase achten. Die Arbeit der Ausscheidungsorgane durch gesunde Nahrung und spezielle Getränke (stilles Mineralwasser und Blasentee) unterstützen.

Therapien für den Schützen

Geltungssucht bekämpfen. Vorsicht vor der Siegerpose. Sportlichen Ehrgeiz gut abwägen. Bewegungen kontrollieren, besonders bei Sprüngen aller Art. Die Hüfte muss geschont, aber auch trainiert werden.

Prellungen sofort behandeln. Wenn eine Verletzung passiert, auf die eigene, außergewöhnlich schnelle Regenerationskraft vertrauen. Moor- und Fangopackungen als Vorsorge anwenden. Viel vitaminreiche Kost zu sich nehmen. Sich vor jeder Art von Rekordsucht hüten. Nicht alles wegen des zu erwartenden Beifalls riskieren. Die ersten Zeichen von Rheuma ernst nehmen, sich bewegen und die betroffenen Körperstellen warm halten. Bei Erkrankungen ganz allgemein nach dem Sinn der Krankheit fragen.

Therapien für den Steinbock

Sich vor Verhärtungen sowohl körperlicher als auch seelischer Art hüten. Stets in Bewegung bleiben und versuchen, auf die innere Stimme der Seele zu hören. Träume als Botschaften deuten. Kost mit vielen Mineralien zu sich nehmen. Den Harn immer wieder auf Säure und andere Giftstoffe untersuchen lassen. Keine Askese zur Schau stellen. Schlankheitswahn aufgeben. Nicht Magerkeit mit jugendlicher Ausstrahlung gleichsetzen. Bei Schmerzen der Knie vorsichtig sein. Gemüsetage einhalten und den Körper immer wieder trainieren. Urlaub in warmen Gegenden machen. Alle Warnzeichen von Gicht ernst nehmen. Gelenke in Schwung halten.

Therapien für den Wassermann

Für gute Durchblutung sorgen. Vorsicht bei Drüsenüberfunktionen. Krampfadern und Krampfzustände nicht auf die leichte Schulter nehmen. Gliederschwäche oder Gliederspannungen als ernstes Mahnsignal verstehen. Bei Venenentzündungen sofort Maßnahmen ergreifen. Alles in Fluss halten, Zirkulationsschwierigkeiten von Anfang an beachten und eventuell mit einer Sauerstofftherapie unter ärztlicher Anleitung durchführen. Nicht zu blauäugig in die Zukunft schauen, weniger Luftschlösser bauen. Keine Angst vor langfristigen Orientierungen haben. Sicherheit nicht als Einengung empfinden. Nicht immer im Clinch mit der Gesellschaft liegen.

Therapien für die Fische

Den Instinkt fördern. Nicht zu viel auf andere hören oder es anderen immer recht machen wollen. Keiner unbewussten Flucht in die Krankheit nachgeben. Versuchen, standhaft zu bleiben. Auf genügend Schlaf achten. Die Knöchel und die Füße stärken, aber auch an der inneren Standhaftigkeit arbeiten. Für geregelte Zirkulation des Blutes sorgen. Sich Massagen gönnen. Kalte Füße vermeiden. Die Ärzte respektieren, aber nicht gegen den eigenen Instinkt handeln. Enttäuschungen wirklich als Ende der Täuschung ansehen und nicht dem Entgangenen nachtrauern. Überlebenstraining machen.

Feuer-Therapien

Das Charakteristikum des Elements Feuer ist die Bewegung in allen möglichen Formen und Ausprägungen. Man kann entsprechend den Körper sportlich bewegen, um seine Kraft zu spüren, beispielsweise bei Kampfsport, Gymnastik, Turnen mit Geräten, Aerobic, Joggen usw. Bewegt man sich künstlerisch, dann entstehen daraus die unterschiedlichsten Tanzformen, zu denen auch die von den Anthroposophen eingeführte Eurhythmie gehört. Bei den Griechen zum Beispiel hatten Tänze stets einen tieferen Sinn. So gibt es dort auch heute noch einen „psychotherapeutischen" Tanz: Der Tänzer tanzt, allein und in sich versunken, um einen bestimmten Punkt herum, der das Problem symbolisiert, bis ihm durch die Bewegung die Erleuchtung kommt oder das Problem sich von alleine löst. Meditativ ist auch das chinesische Schattenboxen, Tai Chi, bei dem durch die Disziplinierung des Körpers Seele und Geist ebenfalls in konkrete Bahnen gelenkt werden sollen. Auch das Schauspiel mit seinen Varianten, etwa dem Psychodrama, ist zu den typischen Feuertherapien zu zählen.

Die Muskeln des Menschen bestimmen nicht nur seine Bewegungen, sondern auch seinen statischen Zustand, also seine Haltung. Aus dieser Erkenntnis haben sich verschiedene Therapien zur Haltungskorrektur entwickelt. Dazu gehören unter anderem die Alexander-Technik, das

Rolfing, die Feldenkrais-Methode und die Bioenergetik. Sie alle haben zum Ziel, den Menschen zu seiner aufrechten, natürlichen und unverkrampften Haltung zu bringen, wodurch sich sein Charakter entsprechend ändert.

Die Muskeln erzeugen auch Wärme. Und Wärme, mitunter sogar Hitze, kann Krankheiten vertreiben. In ihrer einfachsten Form sind dies Sonnenbäder. Aber auch Fieber wirkt heilend, in seiner natürlichen Form und auch als künstlich induzierter Körperzustand. Versucht man eine Zuteilung der Feuertherapien zu den Feuerzeichen, dann ergibt sich stark vereinfacht folgende Empfehlung:

Der dynamische Widder muss für Bewegung sorgen. Da passen eigenständige, aktive oder kämpferische Sportarten wie zum Beispiel Skifahren, Golf, Boxen, Karate, Joggen, Hochsprung, Motorradfahren, das auch eine Therapie sein kann, und alle Tänze, bei denen man durch keine Vorschriften behindert wird und man seine Energie absolut frei entfalten kann, wie zum Beispiel bei allen modernen Disco-, Rave- oder Technotänzen.

Der in sich ruhende Löwe muss vor allem auf seine Haltung achten, was natürlich für jeden Menschen wichtig ist, doch für ihn besonders. Haltungstherapien sind daher für ihn zu empfehlen. Außerdem lieben Löwen lange Spaziergänge und natürlich alles, was mit Schauspiel, Drama oder Bühne zu tun hat, wozu auch wieder die Tänze gehören. Im Gegensatz zum Widder könnte er sich aber auch bei Standardtänzen wohl fühlen. Des Weiteren empfehlen sich Sonnenbäder.

Auch dem agilen Schützen tut viel Bewegung gut. Ihm liegen von den Sportarten besonders solche, bei denen eine rasche Reaktion gefordert ist. Dazu gehören unter anderem Reiten, Fechten, Tennis, Volleyball und Squash.

Wie schon bei der Besprechung der Elemente erwähnt, braucht Feuer als Ergänzung die Luft. Somit gilt auch für die Therapien: Lufttherapien wirken bei Feuerzeichen ausgleichend und sind deshalb ebenfalls sehr empfehlenswert.

Erd-Therapien

Erde hat mit Nahrung und Natur zu tun. Darum reagieren Erdzeichen gut auf Heilverfahren, in denen die Nahrung eine wichtige Rolle spielt – oder ihr Entzug. Dazu gehören die verschiedensten Diätformen, Naturkost und vor allem Fasten, was den Jungfrauen und Steinböcken leicht fällt, den Stieren aber Schwierigkeiten bereitet. Neben den klassischen Medikamenten wirken bei den Erdzeichen besonders gut Kräutertees, Heilerde und Heilpflanzen. Nicht zuletzt tut ihnen Mineralwasser gut.

Naturheilverfahren sind ebenfalls typische Erdtherapien. Dazu zählen Ayurveda, das Wissen der Hildegard von Bingen, welches mit dem Rhythmus der Jahreszeiten zu tun hat und somit auch einen tiefen Bezug zur Natur herstellt. Aber auch Schlammbäder und Fangopackungen sind geeignet. Auch die Darmsanierungskur nach Dr. F. X. Mayr entspricht den Erdzeichen. Alles, was die Verdauung anregt und kräftigend wirkt, tut hier gut. Auch Massagen sind zu erwähnen, da sie der Tendenz zur Verfestigung und Einlagerung entgegenwirken.

Dem bodenständigen Stier, der so vieles in seinen Geweben einlagert, sind Fastenkuren anzuraten. Da er gerne im Einklang mit der Natur lebt, sollte er sich immer bemühen, saisontypisches Gemüse zu sich zu nehmen und sich somit an den Rhythmus des Jahres zu halten. Auch ein kleiner Garten oder ein eigenes kleines Kräuterbeet tut ihm gut.

Die intelligente Jungfrau sollte sich ein paar Kräutertöpfchen am Küchenfenster zulegen, denn auf Heilkräuter reagiert sie besonders gut. Naturbelassene Kost wirkt sich positiv auf ihren Organismus aus, besonders Getreide, das die Verdauung anregt und im Übrigen sogar als Beigabe in ihrem Tierkreissymbol (die Jungfrau mit der Ähre) zu finden ist. Eine regelmäßige Darmentleerung bzw. -reinigung trägt zu ihrem Wohlbefinden bei.

Dem zähen Steinbock helfen alle heimatlichen Kräuter und Pflanzen, besonders solche, die unter der Erde wachsen. Da er auch zum Austrocknen neigt, eignen sich Trinkkuren für ihn, weil sie seinem Körper Flüssigkeit zuführen und somit die Ausscheidung von Schlacken und

Giftstoffen anregen. Es sei auch darauf hingewiesen, dass der Steinbock mit Bewegung gewissermaßen seiner eigenen Festigkeit entgegenwirken kann. Besonders geeignet sind Bergwandern oder auch Bergsteigen.

Da Erde sich mit Wasser gut verträgt, sollten die Erdzeichen auch Wasserkuren in Erwägung ziehen.

Luft-Therapien

Dem Element Luft unterstehen alle Therapien, bei denen der Atem betont wird: Atemtherapie, Urschreitherapie bzw. Primärtherapie und Yoga. Der Luft entsprechen auch die Nerven und damit die Sinneseindrücke. Diese kann man grob in zwei Kategorien teilen: intellektuelle Eindrücke über die Sprache und künstlerische Eindrücke über Augen, Ohren, Nase und Haut. Für Erstere ergeben sich alle Gesprächstherapien, aber auch verschiedene Gruppentherapien, bei denen die soziale Interaktion wesentlich ist. Die Wirkung künstlerischer Eindrücke wird in der Musiktherapie, in der Farbtherapie und in der Aromatherapie ausgenutzt.

Das menschliche Nervensystem erzeugt auch ein ständig wechselndes elektrisches Feld in und um unseren Körper. Dieses Feld kann direkt beeinflusst werden, etwa durch Handauflegen, ein in alten Zeiten durchaus übliches und wirkungsvolles Heilverfahren. Auch ohne direkte Berührung kann man die menschliche Aura beeinflussen. Weil beim Menschen so vieles über die Nerven läuft, gehören auch alle Therapien zum Luftelement, die durch spezifische Nervenreize wirken. Sie werden unter dem Namen Reiztherapien zusammengefasst. Die bekanntesten Reiztherapien sind die Akupunktur und ihre Verwandte, die Akupressur. Bei der Fußreflexzonenmassage können alle Körperregionen und Organe durch Massage der entsprechenden Zonen an den Füßen erreicht und sozusagen von innen heraus massiert werden. Die Bachblütentherapie verwendet die Essenzen bestimmter Pflanzen, die nach einem speziellen Verfahren gewonnen werden. Die Wirkung erfolgt ähnlich wie in der Homöopathie und geht auch besonders auf psychosomatische Prozesse ein.

Der lebhafte Zwilling braucht in erster Linie Kommunikation und die Möglichkeit, Informationen und Neuigkeiten zu sammeln, daher sind für ihn alle Gruppen- und Gesprächstherapien zu empfehlen. Um seine Konzentrationsfähigkeit zu steigern und seine Nervosität zu beruhigen, kann auch eine entsprechende Klang- oder Musiktherapie gewählt werden.

Die künstlerische Waage spricht am besten auf Gespräche in der Gruppe und auf schöne und harmonische Eindrücke an. Typische Waagetherapien sind in diesem Sinne Farb-, Musik- und Aromatherapie. Die Homöopathie bietet sich ebenfalls an, da sie die innere Harmonie eines Menschen wiederherzustellen versucht. Dies gilt auch für die Bachblütentherapie.

Der unruhige Wassermann spricht grundsätzlich auf alle ungewöhnlichen und unorthodoxen Therapien an. So kommen hier beispielsweise Geistheilen und Handauflegen in Frage. Auch auf Reiztherapien wie die Akupunktur, die Akupressur oder die Fußreflexzonenmassage spricht er gut an. Nicht zuletzt kann ihm eine Psychotherapie dabei helfen, sein originelles Wesen besser zu verstehen und anzunehmen.

Da sich Feuer und Luft gegenseitig ergänzen, eignen sich für die Luftzeichen zur Entspannung auch die Feuertherapien. Zu viel Gedankentätigkeit hindert den Körper manchmal daran, sich selbst zu heilen. Darum brauchen gerade Luftzeichen auch Therapien, die den Körper ansprechen.

Wasser-Therapien

Zu den Therapien, die dem Element Wasser zuzuordnen sind, zählen alle Verfahren, welche die Körperflüssigkeiten anregen, reinigen oder beleben, wie zum Beispiel die Lymphdrainage und Blutreinigungskuren. Manchmal hilft auch die Erwärmung bestimmter Körperbereiche, um die Durchblutung zu fördern. Das menschliche Blut reicht nur aus, um etwa ein Fünftel aller Organe voll zu durchbluten. Und da Hirn und Herz stets den vollen Sauerstoffgehalt brauchen, kommt es bei den anderen Organen schon mal zu Mangel an Durchblutung. Sanfte Massage oder Wärme wirken dagegen.

Die Wasserzeichen sind gefühlsbetonte Zeichen mit Intuition, Phantasie und einem guten Zugang zum Unbewussten. Daher gehören auch alle Therapiemethoden zum Element Wasser, welche die Bildersprache des Unbewussten anregen, also sämtliche Meditationstechniken, die meistens mit einer Art Isolation arbeiten. Eine von einem amerikanischen Delphinforscher erfundene Form dieser Isolierung ist der Samadhi-Tank, in dem der Patient von allen äußeren Sinneseindrücken, selbst vom Einfluss der Schwerkraft, ferngehalten wird. Beim katathymen Bilderleben werden nach bestimmten Suggestionen Gegenstände, Menschen und Situationen visualisiert. Auch Hypnoseverfahren können den Wasserzeichen helfen.

Nicht zu vergessen sind natürlich alle tatsächlichen Wasserkuren. Kneipp'sche Wasserkuren gehören dazu ebenso wie Bäder, Trinkkuren oder das schlichte Bad im Wasser, insbesondere im Meer. Die Thalassokur ist hier zu empfehlen, das Meersalzbad und regelmäßiges Schwimmen.

Der aktive, aber manchmal pessimistische Krebs braucht die Nähe des Wassers. Die Thalassokur, Bäderkuren, regelmäßiges Schwimmen, Wassersport oder auch Trinkkuren können ihm helfen, sein Gleichgewicht zu finden. Die Kraft des positiven Denkens kann er wiedererhalten durch Meditation und Autosuggestion. Besonders gut sprechen Krebse auch auf die Lymphdrainage an, die hilft, angestaute Körperflüssigkeiten abzubauen.

Der geheimnisvolle Skorpion ist fasziniert von der Hypnose und der Vorstellung, in die Tiefen des Unbewussten vorzudringen. Alle Techniken, die dazu beitragen, entsprechen seinem Wesen, beispielsweise die Reinkarnationstherapie. Doch sollte er auch auf regelmäßige Blutreinigung achten und sich entsprechend ernähren. Jegliche Form von Psychotherapie ist außerdem für ihn interessant.

Dem sanften Fisch helfen alle Verfahren, welche seine Körperflüssigkeiten anregen, wie die Lymphdrainage oder andere Formen der Massage. Jede Form des Bilderlebens regt seine Phantasie an und stärkt seine Intuition. Meditationen aller Art bis hin zu Exerzitien in einem Kloster geben ihm innere Stärke und nehmen die Angst vor dem Alleinsein. Besonders zu empfehlen ist für ihn jedoch der gerade erwähnte Samadhi-Tank.

Die Macht der Gedanken

Nun kennen Sie die Methoden und Möglichkeiten, die aus astrologischer Sicht zu Ihrem persönlichen Wohl beitragen können. Einige werden Sie sehr leicht, andere nur mit etwas Disziplin oder Konzentration umsetzen können. Doch einen ganz wichtigen Faktor sollte man noch beleuchten, um das Bild abzurunden.

Sorgen, Angst, Zweifel und Niedergeschlagenheit können sich auf die körperliche Gesundheit auswirken. Ist man seelisch aufgewühlt, so tut man am besten daran, alles Belastende abzuschütteln, sich zu entspannen und seine Gedanken in ruhigere Bahnen zu lenken. Natürlich ist das leichter gesagt als getan, doch man muss es immer wieder versuchen, etwa mit Hilfe von Entspannungsmethoden. Bedenken Sie auch, dass Ihre Denkgewohnheiten sich Ihrem Unterbewusstsein einprägen, das dann seinerseits den betreffenden Gedankeninhalten Gestalt verleiht. Die unterbewussten Schichten sind der Sitz Ihrer Gefühlswelt und stellen in ihrer Gesamtheit den schöpferischen Bereich dar. Wenn Sie Gutes denken, so entsteht letztlich daraus auch Gutes, während böse Gedanken Böses nach sich ziehen. Darin – und in nichts anderem – besteht die Funktionsweise Ihres Geistes. Das Gesetz Ihres Geistes lautet wie folgt: Ihre bewussten Gedanken und Vorstellungen rufen eine dem Wesen nach identische Reaktion Ihres Unterbewusstseins hervor.

Sobald Sie einmal gelernt haben, Ihre Gedanken und Gefühle in die rechten Bahnen zu lenken, wird sich Seelenfrieden von selbst einstellen. Psychologen und Psychiater erklären, dass alle dem Unterbewusstsein übermittelten Gedanken Eindrücke in den Hirnzellen hinterlassen.

Sobald Ihr Unterbewusstsein irgendeine Vorstellung übermittelt erhält, wird es unverzüglich für deren Verwirklichung sorgen. Mit Hilfe der Gedankenassoziation verwendet es zu diesem Zweck alles Wissen und alle Erfahrung, die Sie bis zu diesem Zeitpunkt angesammelt haben. Es stützt sich dabei auf die unendliche Macht, Energie und Weisheit in Ihrem Inneren. Um das betreffende Ziel zu verwirklichen, verbündet sich Ihr Unterbewusstsein mit allen Kräften und Gesetzen der Natur. Gelegentlich löst es Schwierigkeiten sofort, in anderen Fällen mag die Lösung Tage, Wochen oder sogar noch länger auf sich warten lassen.

Alle Kuren, Therapien und ärztlichen Maßnahmen können langfristig sinnlos sein, wenn sie nicht mit einer Änderung der inneren Einstellung und der Lebensumstände einhergehen. Gerade bei chronischen Krankheiten hilft oft die beste Medizin nichts, wenn einen Menschen die Umgebung weiterhin kaputt macht. Zuerst sollte deshalb auch immer an die Lebensumstände, die äußeren wie die inneren, gedacht werden, dann erst an eine spezifische Therapie.

Das wichtigste Heilmittel sollte man nicht vergessen: die Liebe. Gemeint ist die Liebe zu sich selbst, zu den Mitmenschen und, wer spirituell oder religiös veranlagt ist, zu Gott. Liebe heilt alles, mehr noch, sie beugt vielen Krankheiten vor. Jesus heilte durch Liebe. Der große Seher und Arzt Nostradamus riet seinen Patienten, sich gegenseitig Zärtlichkeit zu schenken, denn: „Die Haut muss spüren, dass sie lebt!" Man weiß auch aus Tierversuchen, dass Tiere, die liebevoll behandelt, umsorgt und gestreichelt werden, Krankheiten gegenüber viel widerstandsfähiger sind als andere. Man denke auch daran, was Liebesverlust bewirken kann, zum Beispiel durch den Tod eines Partners oder eines geliebten Menschen. Dieses Erlebnis kann zu schweren Erkrankungen führen. Viele Fälle von Krebs sind auf solch ein traumatisches Erlebnis zurückzuführen.

Auch der körperlichen Liebe und der Lust kommt eine wichtige Rolle als „Vorbeugungsmittel" zu. Solange man das Erleben der körperlichen Liebe als erhöhend, befreiend und belebend empfinden kann, stärkt es die Abwehrkräfte und erhält die Gesundheit. Das lustvolle Genießen von Nähe birgt für viele Menschen ein wunderbares Potential.

Nicht zuletzt sollte man das Lachen nicht unterschätzen. Es hat sogar eine überaus wichtige Funktion als Heilmittel. Lachen wirkt sich erwiesenermaßen positiv auf den gesamten Organismus aus. Heiterkeit wirkt belebend und spornt an. Man sollte deshalb immer wieder die Gesellschaft von Menschen suchen, mit denen man wirklich lachen kann. Hier bietet sich die Gelegenheit zu einer einfachen und doch wirksamen „Therapie".

ANHANG

So berechnen Sie Ihren Aszendenten und Ihre Häuserspitzen

Für die Berechnung des Aszendenten und der Häuserspitzen benötigen Sie außer dem Geburtsdatum noch Geburtsort und genaue Geburtszeit. Wenn Sie Ihre Geburtszeit nicht kennen, sehen Sie auf Ihrer Geburtsurkunde nach. Sofern sie dort nicht notiert ist, können Sie sie aber sicher bei dem Standesamt erfragen, bei dem Ihre Geburt gemeldet worden ist. Die Standesämter sind auf derartige Anfragen eingestellt.

Nun müssen Sie der Einheitlichkeit halber Ihre Geburtszeit in die so genannte Greenwich-Zeit (GZ) umrechnen. Die in Deutschland, Österreich und der Schweiz geltende Mitteleuropäische Zeit (MEZ) geht der Greenwich-Zeit um eine Stunde vor. Sie müssen also von Ihrer Geburtszeit eine Stunde abziehen. Außerdem müssen Sie noch berücksichtigen, ob zum Zeitpunkt Ihrer Geburt Sommerzeit war (siehe Übersicht auf Seite 126). Wenn das der Fall ist, dann müssen Sie von Ihrer Geburtszeit noch eine weitere Stunde abziehen bzw. im Fall von doppelter Sommerzeit (kursive Zahlen in der Übersicht) zwei weitere Stunden.

Um die Häuserspitzen, insbesondere den Aszendenten eines Horoskops zu errechnen, müssen Sie die geographische Position des Geburtsortes kennen. Dazu müssen Sie dessen Längen- und Breitengrade ermitteln. Sie finden diese Angaben für die wichtigsten Städte Deutschlands, Österreichs und der Schweiz auf Seite 130. Wenn Ihr Gebursort dort nicht aufgeführt ist, können Sie sich am nächstgelegenen Ort orientieren und dessen Längen- und Breitengrade übernehmen.

Die Position eines Ortes wird dort also in Breiten- und Längengraden angegeben: Sie müssen nun die Längengrade Ihres Geburtsortes mit 4 multiplizieren und erhalten einen Wert in Minuten. Für das Beispiel

Sommerzeiten in Deutschland, Österreich und der Schweiz seit 1940

Deutschland (BRD und DDR)
01.04.1940 2 h bis 02.11.42 3 h
29.03.1943 2 h bis 04.10.43 3 h
03.04.1944 2 h bis 02.10.44 3 h
02.04.1945 2 h bis 16.09.45 2 h
* 24.05.1945 2 h bis 24.09.45 3 h
* 24.09.1945 3 h bis 18.11.45 2 h
14.04.1946 2 h bis 07.10.46 3 h
06.04.1947 3 h bis 11.05.47 3 h
11.05.1947 3 h bis 29.06.47 3 h
29.06.1947 3 h bis 05.10.47 3 h
18.04.1948 2 h bis 03.10.48 3 h
10.04.1949 2 h bis 02.10.49 3 h
06.04.1980 2 h bis 28.09.80 3 h
29.03.1981 2 h bis 27.09.81 3 h
28.03.1982 2 h bis 26.09.82 3 h
27.03.1983 2 h bis 25.09.83 3 h
25.03.1984 2 h bis 30.09.84 3 h
31.03.1985 2 h bis 29.09.85 3 h
30.03.1986 2 h bis 28.09.86 3 h
29.03.1987 2 h bis 27.09.87 3 h
27.03.1988 2 h bis 25.09.88 3 h

26.03.1989 2 h bis 24.09.89 3 h
25.03.1990 2 h bis 30.09.90 3 h

* Berlin und sowjetisch besetzter Teil Deutschlands
kursiv: doppelte Sommerzeit

Österreich
01.04.1940 2 h bis 02.11.42 3 h
01.04.1943 2 h bis 04.10.43 3 h
01.04.1944 2 h bis 02.10.44 3 h
01.04.1945 2 h bis 18.11.45 3 h
14.04.1946 2 h bis 07.10.46 3 h
06.04.1947 2 h bis 05.10.47 3 h
18.04.1948 2 h bis 03.10.48 3 h
ab 1980 wie Deutschland

Schweiz
05.05.1941 2 h bis 06.10.41 0 h
04.05.1942 2 h bis 05.10.42 0 h
ab 1981 wie Deutschland

Berlin wäre das 13 x 4 = 52 Minuten (dieser Wert muss für alle Städte im deutschsprachigen Bereich etwa zwischen 20 und 60 liegen). Diesen Wert, die so genannte Zeitkorrektur, zählen Sie nun zur Greenwich-Zeit Ihrer Geburt hinzu.

Zuletzt müssen Sie sich aus der Sternzeittabelle ab Seite 131 die Sternzeit Ihres Geburtstages heraussuchen: Suchen Sie waagrecht Ihren Geburtsmonat und dann senkrecht Ihren Geburtstag. Addieren Sie die gefundene Zeit noch zu Ihrem bisherigen Ergebnis hinzu. Damit haben Sie das Endergebnis. Für den Fall, dass dieses größer ist als 24 Stunden, ziehen Sie einfach 24 Stunden ab. Bitte beachten Sie beim Addieren und Abziehen: Jeweils 60 Minuten ergeben eine Stunde, nicht 100 – wir haben es hier ja nicht mit dem Dezimalsystem zu tun.

Hier finden Sie den gesamten Rechenvorgang noch einmal in der Übersicht:

	Stunden : Minuten
Geburtszeit	.... : ....
minus 1 Stunde	– .... : ....
ggf. minus Sommerzeit	– .... : ....
ergibt Greenwich-Zeit	.... : ....
plus Zeitkorrektur	+ .... : ....
ergibt korrigierte Ortszeit	.... : ....
plus Sternzeit	+ .... : ....
Endergebnis	.... : ....
(wenn größer als 24)	– 24:00
Endergebnis	.... : ....

Nun schlagen Sie die Aszendenten- und Häusertabelle auf Seite 134 auf. Hier sind die Werte für vier verschiedene Breitengrade aufgeführt: 47° 30' (das liest sich 47 einhalb Grad), 49 Grad, 51 Grad und 53 Grad. Halten Sie sich an die Tabelle, die dem Breitengrad Ihres Geburtsortes am nächsten kommt. Suchen Sie nun dort in der linken Spalte den nächstkleineren Wert zu dem Endergebnis, das Sie mit Hilfe der vorangegangenen Rechnungen herausgefunden haben. Rechts daneben steht das gesuchte Tierkreiszeichen. Das müssen Sie für den Aszendenten, das achte und das zwölfte Haus machen.

Die Spitze Ihres sechsten Hauses bringen Sie dann ganz einfach in Erfahrung. Sie befindet sich nämlich immer in dem Tierkreiszeichen, das der Spitze des zwölften Hauses gegenüberliegt. Die einander gegenüberliegenden Paare im Tierkreis sind:

- Widder und Waage
- Stier und Skorpion
- Zwillinge und Schütze
- Krebs und Steinbock
- Löwe und Wassermann
- Jungfrau und Fische

Berechnungsbeispiel

Nehmen wir folgendes Beispiel: Martha L. ist am 7. Mai 1980 um 13:50 Uhr in Nürnberg geboren.

- Die Geburtszeit umgerechnet in Greenwich-Zeit ergibt 12:50 Uhr. Achtung! Da zu diesem Zeitpunkt Sommerzeit war, müssen wir noch eine weitere Stunde abziehen. Wir müssen also mit 11:50 Uhr weiterrechnen.
- Die geographische Position Nürnbergs lautet: Länge 11 Grad, Breite 49 Grad. 11 (= die Längengrade) multipliziert mit 4 ergibt 44, und zwar Minuten.
- Die Sternzeit, die wir mit Hilfe der Tabelle auf Seite 131 bis 133 herausfinden, lautet: 14:57 Uhr.
- Wir zählen zur Greenwich-Zeit (11:50) 44 Minuten sowie die Sternzeit (14:57) hinzu.
- Das Ergebnis ist größer als 24:00, nämlich 27:31. Also ziehen wir 24 Stunden ab und erhalten schließlich 3:31.

		Stunden : Minuten
Geburtszeit		13:50
minus 1 Stunde	−	1:00
ggf. minus Sommerzeit	−	1:00
ergibt Greenwich-Zeit		11:50
plus Zeitkorrektur	+	0:44
ergibt korrigierte Ortszeit		12:34
plus Sternzeit	+	14:57
Endergebnis		27:31
(wenn größer als 24)	−	24:00
Endergebnis		3:31

Nun schlagen wir die Aszendenten- und Häusertabelle auf Seite 134 auf. Der Breitengrad Nürnbergs ist 49, also ist die unter 49° stehende Spalte für uns gültig. Damit ist der Aszendent Jungfrau, die Spitze des achten Hauses befindet sich im Zeichen Fische und diejenige des zwölften Hauses im Zeichen Löwe. Das dem Zeichen Löwe gegenüberliegende Zeichen ist der Wassermann, also befindet sich die Spitze des sechsten Hauses im Wassermann.

Längen- und Breitengrade der wichtigsten Städte

Ort	Länge	Breite	Ort	Länge	Breite
Aachen	6	51	Leipzig	12	51
Augsburg	11	48	Lienz, A	13	47
Bamberg	11	50	Linz, A	14	48
Basel, CH	8	48	Lübeck	11	54
Berlin	13	53	Ludwigshafen	8	49
Bern, CH	7	47	Lugano, CH	9	46
Bonn	7	51	Lüneburg	10	53
Braunschweig	11	52	Luzern, CH	8	47
Bregenz, A	10	48	Magdeburg	12	52
Bremen	9	53	Mainz	8	50
Chemnitz	13	51	Mannheim	8	49
Chur, CH	10	47	München	12	48
Dortmund	7	52	Münster	8	52
Dresden	14	51	Nürnberg	11	49
Duisburg	7	51	Osnabrück	8	52
Düsseldorf	7	51	Passau	13	49
Essen	7	51	Regensburg	12	49
Feldkirch, A	10	47	Rostock	12	54
Flensburg	9	55	Saarbrücken	7	49
Frankfurt/Main	9	50	Salzburg, A	13	48
Freiburg	8	48	St. Gallen, CH	9	47
Genf, CH	6	46	Stuttgart	9	49
Graz, A	15	47	Thun, CH	8	47
Halle	12	51	Travemünde	11	54
Hamburg	10	54	Trier	7	50
Hannover	10	52	Tübingen	9	49
Heidelberg	9	49	Ulm	10	48
Hof	12	50	Villach, A	14	47
Innsbruck, A	11	47	Weimar	11	51
Jena	12	51	Wels, A	14	48
Kaiserslautern	8	49	Wien, A	16	48
Karlsruhe	8	49	Winterthur, CH	9	48
Kassel	9	51	Wittenberg	13	52
Kiel	10	54	Wolfsburg	11	52
Klagenfurt, A	14	47	Würzburg	10	50
Köln	7	51	Zell am See, A	13	47
Konstanz	9	48	Zug, CH	9	47
Lausanne, CH	7	47	Zürich, CH	9	47

Sternzeittabelle

Januar			Februar			März			April		
Tag	Sternzeit		Tag	Sternzeit		Tag	Sternzeit		Tag	Sternzeit	
	h	m		h	m		h	m		h	m
1	6	41	1	8	43	1	10	33	1	12	36
2	6	45	2	8	47	2	10	37	2	12	39
3	6	49	3	8	51	3	10	41	3	12	43
4	6	53	4	8	55	4	10	45	4	12	47
5	6	56	5	8	59	5	10	49	5	12	51
6	7	0	6	9	3	6	10	53	6	12	55
7	7	4	7	9	7	7	10	57	7	12	59
8	7	8	8	9	10	8	11	1	8	13	3
9	7	12	9	9	14	9	11	5	9	13	7
10	7	16	10	9	18	10	11	9	10	13	11
11	7	20	11	9	22	11	11	13	11	13	15
12	7	24	12	9	26	12	11	17	12	13	19
13	7	28	13	9	30	13	11	21	13	13	23
14	7	32	14	9	34	14	11	25	14	13	27
15	7	36	15	9	38	15	11	28	15	13	31
16	7	40	16	9	42	16	11	32	16	13	35
17	7	44	17	9	46	17	11	36	17	13	39
18	7	48	18	9	50	18	11	40	18	13	43
19	7	52	19	9	54	19	11	44	19	13	46
20	7	56	20	9	58	20	11	48	20	13	50
21	8	0	21	10	2	21	11	52	21	13	54
22	8	3	22	10	6	22	11	56	22	13	58
23	8	7	23	10	10	23	12	0	23	14	2
24	8	11	24	10	14	24	12	4	24	14	6
25	8	15	25	10	18	25	12	8	25	14	10
26	8	19	26	10	21	26	12	12	26	14	14
27	8	23	27	10	25	27	12	16	27	14	18
28	8	27	28	10	29	28	12	20	28	14	22
29	8	31				29	12	24	29	14	26
30	8	35				30	12	28	30	14	30
31	8	39				31	12	32			

Mai			Juni			Juli			August		
Tag	Sternzeit		Tag	Sternzeit		Tag	Sternzeit		Tag	Sternzeit	
	h	m		h	m		h	m		h	m
1	14	34	1	16	36	1	18	34	1	20	37
2	14	38	2	16	40	2	18	38	2	20	40
3	14	42	3	16	44	3	18	42	3	20	44
4	14	46	4	16	48	4	18	46	4	20	48
5	14	50	5	16	52	5	18	50	5	20	52
6	14	53	6	16	56	6	18	54	6	20	56
7	14	57	7	17	0	7	18	58	7	21	0
8	15	1	8	17	4	8	19	2	8	21	4
9	15	5	9	17	8	9	19	6	9	21	8
10	15	9	10	17	11	10	19	10	10	21	12
11	15	13	11	17	15	11	19	14	11	21	16
12	15	17	12	17	19	12	19	18	12	21	20
13	15	21	13	17	23	13	19	22	13	21	24
14	15	25	14	17	27	14	19	26	14	21	28
15	15	29	15	17	31	15	19	29	15	21	32
16	15	33	16	17	35	16	19	33	16	21	36
17	15	37	17	17	39	17	19	37	17	21	40
18	15	41	18	17	43	18	19	41	18	21	44
19	15	45	19	17	47	19	19	45	19	21	47
20	15	49	20	17	51	20	19	49	20	21	51
21	15	53	21	17	55	21	19	53	21	21	55
22	15	57	22	17	59	22	19	57	22	21	59
23	16	1	23	18	3	23	20	1	23	22	3
24	16	4	24	18	7	24	20	5	24	22	7
25	16	8	25	18	11	25	20	9	25	22	11
26	16	12	26	18	15	26	20	13	26	22	15
27	16	16	27	18	19	27	20	17	27	22	19
28	16	20	28	18	22	28	20	21	28	22	23
29	16	24	29	18	26	29	20	25	29	22	27
30	16	28	30	18	30	30	20	29	30	22	31
31	16	32				31	20	33	31	22	35

September			Oktober			November			Dezember		
Tag	Sternzeit h	m	Tag	Sternzeit h	m	Tag	Sternzeit h	m	Tag	Sternzeit h	m
1	22	39	1	0	37	1	2	39	1	4	37
2	22	43	2	0	41	2	2	43	2	4	41
3	22	47	3	0	45	3	2	47	3	4	45
4	22	51	4	0	49	4	2	51	4	4	49
5	22	54	5	0	53	5	2	55	5	4	53
6	22	58	6	0	57	6	2	59	6	4	57
7	23	2	7	1	1	7	3	3	7	5	1
8	23	6	8	1	5	8	3	7	8	5	5
9	23	10	9	1	9	9	3	11	9	5	9
10	23	14	10	1	12	10	3	15	10	5	13
11	23	18	11	1	16	11	3	19	11	5	17
12	23	22	12	1	20	12	3	23	12	5	21
13	23	26	13	1	24	13	3	27	13	5	25
14	23	30	14	1	28	14	3	30	14	5	29
15	23	34	15	1	32	15	3	34	15	5	33
16	23	38	16	1	36	16	3	38	16	5	37
17	23	42	17	1	40	17	3	42	17	5	41
18	23	46	18	1	44	18	3	46	18	5	45
19	23	50	19	1	48	19	3	50	19	5	48
20	23	54	20	1	52	20	3	54	20	5	52
21	23	58	21	1	56	21	3	58	21	5	56
22	0	2	22	2	0	22	4	2	22	6	0
23	0	5	23	2	4	23	4	6	23	6	4
24	0	9	24	2	8	24	4	10	24	6	8
25	0	13	25	2	12	25	4	14	25	6	12
26	0	17	26	2	16	26	4	18	26	6	16
27	0	21	27	2	20	27	4	22	27	6	20
28	0	25	28	2	23	28	4	26	28	6	24
29	0	29	29	2	27	29	4	30	29	6	28
30	0	33	30	2	31	30	4	34	30	6	32
			31	2	35				31	6	36

Aszendenten- und Häusertabelle

	47° 30'			49°		
	h	m		h	m	
Aszendent	0	0	Krebs	0	0	Krebs
	0	37	Löwe	0	29	Löwe
	3	18	Jungfrau	3	14	Jungfrau
	6	0	Waage	6	0	Waage
	8	46	Skorpion	8	46	Skorpion
	11	27	Schütze	11	31	Schütze
	13	52	Steinbock	13	59	Steinbock
	15	43	Wassermann	15	47	Wassermann
	16	59	Fische	17	3	Fische
	18	0	Widder	18	0	Widder
	19	1	Stier	19	1	Stier
	20	17	Zwillinge	20	13	Zwillinge
	22	8	Krebs	22	1	Krebs
8. Haus	0	0	Wassermann	0	0	Wassermann
	1	36	Fische	1	33	Fische
	4	0	Widder	4	0	Widder
	6	26	Stier	6	31	Stier
	8	54	Zwillinge	8	58	Zwillinge
	11	16	Krebs	11	20	Krebs
	13	14	Löwe	13	18	Löwe
	14	42	Jungfrau	14	46	Jungfrau
	16	0	Waage	16	0	Waage
	17	16	Skorpion	17	16	Skorpion
	18	48	Schütze	18	44	Schütze
	20	46	Steinbock	20	42	Steinbock
	23	5	Wassermann	23	1	Wassermann
12. Haus	0	0	Zwillinge	0	0	Zwillinge
	0	44	Krebs	0	40	Krebs
	3	6	Löwe	3	2	Löwe
	5	34	Jungfrau	5	34	Jungfrau
	8	0	Waage	8	0	Waage
	10	27	Skorpion	10	27	Skorpion
	12	55	Schütze	12	59	Schütze
	15	14	Steinbock	15	18	Steinbock
	17	12	Wassermann	17	16	Wassermann
	18	44	Fische	18	48	Fische
	20	0	Widder	20	0	Widder
	21	18	Stier	21	14	Stier
	22	46	Zwillinge	22	46	Zwillinge

	51°			53°		
	h	m		h	m	
Aszendent	0	0	Krebs	0	0	Krebs
	0	22	Löwe	0	11	Löwe
	3	10	Jungfrau	3	6	Jungfrau
	6	0	Waage	6	0	Waage
	8	50	Skorpion	8	54	Skorpion
	11	42	Schütze	11	45	Schütze
	14	11	Steinbock	14	19	Steinbock
	16	0	Wassermann	16	4	Wassermann
	17	8	Fische	17	12	Fische
	18	0	Widder	18	0	Widder
	18	57	Stier	18	52	Stier
	20	5	Zwillinge	19	56	Zwillinge
	21	49	Krebs	21	41	Krebs
8. Haus	0	0	Wassermann	0	0	Wassermann
	1	29	Fische	1	25	Fische
	4	0	Widder	4	0	Widder
	6	31	Stier	6	35	Stier
	9	2	Zwillinge	9	10	Zwillinge
	11	27	Krebs	11	34	Krebs
	13	21	Löwe	13	29	Löwe
	14	46	Jungfrau	14	54	Jungfrau
	16	0	Waage	16	0	Waage
	17	12	Skorpion	17	8	Skorpion
	18	39	Schütze	18	31	Schütze
	20	34	Steinbock	20	25	Steinbock
	22	57	Wassermann	22	50	Wassermann
12. Haus	0	0	Zwillinge	0	0	Zwillinge
	0	33	Krebs	0	26	Krebs
	2	58	Löwe	2	46	Löwe
	5	30	Jungfrau	5	25	Jungfrau
	8	0	Waage	8	0	Waage
	10	31	Skorpion	10	35	Skorpion
	13	3	Schütze	13	14	Schütze
	15	26	Steinbock	15	35	Steinbock
	17	21	Wassermann	17	30	Wassermann
	18	48	Fische	18	52	Fische
	20	0	Widder	20	0	Widder
	21	14	Stier	21	10	Stier
	22	39	Zwillinge	22	31	Zwillinge

So berechnen Sie Ihr Mondzeichen

- Stellen Sie in *Tabelle A* auf den Seiten 137 bis 138 die *Mondzahl A* fest.
- Stellen Sie dann in *Tabelle B* auf Seite 139 die *Mondzahl B* fest.
- Addieren Sie die Mondzahlen A und B.
- Zählen Sie aus *Tabelle C* auf Seite 139 den entsprechenden *Korrekturwert* dazu bzw. ziehen Sie ihn ab.
- Falls die Summe größer ist als 360, ziehen Sie bitte 1 x 360 ab.
- In *Tabelle D* auf Seite 140 können Sie nun Ihr *Mondzeichen* ablesen.

Beispiel: Birgit L. ist am 21.10.1956 um 5 Uhr geboren.

Mondzahl A	=	151
Mondzahl B	=	268
Summe aus A + B	=	419
Geburtszeitkorrektur Tabelle C	=	– 6
Gesamtsumme	=	413
1 x 360 abziehen	=	– 360
Mondzahl	=	53

Aus Tabelle D ergibt sich: das Mondzeichen ist Stier.

Tabelle A / Mondzahl A: Monat und Jahr der Geburt

	Januar	Februar	März	April	Mai	Juni	Juli	August	September	Oktober	November	Dezember
1940	180	232	255	302	335	19	51	97	148	188	240	277
1941	325	10	18	61	95	142	180	232	286	223	10	43
1942	87	133	141	190	227	281	319	9	55	88	131	163
1943	211	262	272	325	3	53	87	132	176	210	260	298
1944	351	43	65	112	145	188	221	268	318	357	50	87
1945	135	180	188	232	266	314	352	45	97	134	181	214
1946	258	303	311	1	38	91	130	156	225	257	301	334
1947	22	73	84	136	175	224	258	302	347	22	71	116
1948	163	215	236	282	314	358	30	77	129	168	221	257
1949	305	350	358	45	76	126	164	216	269	305	351	24
1950	67	114	121	171	209	263	300	350	35	67	111	144
1951	193	245	256	309	347	35	68	112	157	192	243	281
1952	335	25	46	92	124	167	200	248	300	339	31	68
1953	115	159	168	213	247	297	336	30	81	116	161	193
1954	237	283	291	341	29	73	111	160	205	237	281	315
1955	5	58	69	121	158	205	238	282	328	357	54	92
1956	145	196	214	262	293	337	11	60	112	151	203	239
1957	285	330	339	24	58	109	148	201	252	287	331	3
1958	47	93	101	142	190	244	281	330	15	47	92	126
1959	157	230	241	293	330	16	48	92	126	173	225	263
1960	316	6	26	71	103	147	181	231	284	323	14	50
1961	95	140	149	194	229	280	319	13	32	97	141	172
1962	216	264	272	323	2	55	92	140	184	217	263	298
1963	349	43	53	105	140	186	218	262	308	343	36	74
1964	126	176	196	241	273	317	353	43	96	135	186	221
1965	246	310	319	5	40	92	130	184	233	267	311	342

	Januar	Februar	März	April	Mai	Juni	Juli	August	September	Oktober	November	Dezember
1966	27	74	83	135	174	227	263	310	355	28	74	110
1967	161	185	225	276	311	356	28	72	118	157	208	245
1968	297	346	6	51	83	129	164	215	268	307	357	31
1969	76	121	129	175	210	263	302	354	43	76	120	152
1970	197	245	255	307	347	38	74	121	165	198	245	281
1971	334	27	36	87	121	156	197	241	288	324	17	56
1972	107	156	176	221	254	300	335	27	81	119	168	202
1973	246	290	298	345	21	74	114	165	213	246	290	322
1974	7	57	66	120	158	210	245	291	325	8	55	92
1975	145	199	207	257	290	335	7	52	98	137	188	227
1976	278	326	347	32	63	110	147	200	253	291	339	12
1977	56	100	118	155	191	245	283	335	23	56	100	132
1978	178	227	238	292	331	22	56	101	145	178	226	263
1979	317	9	18	67	100	145	176	221	269	307	1	38
1980	23	136	157	201	234	282	319	11	65	102	150	182
1981	226	270	278	325	2	55	94	145	193	226	270	303
1982	349	40	51	104	142	192	226	271	315	348	37	74
1983	127	181	188	237	270	314	346	31	80	118	171	210
1984	260	306	327	12	45	93	130	184	236	273	320	353
1985	36	80	88	136	173	226	266	316	353	36	80	113
1986	161	212	223	276	315	4	37	81	125	159	207	239
1987	296	351	359	46	80	124	156	203	253	291	344	23
1988	71	117	138	182	216	264	301	355	42	84	130	161
1989	205	250	258	306	344	38	77	127	173	206	250	284
1990	333	24	34	88	126	174	206	251	295	328	18	56

Tabelle B / Mondzahl B: Tag der Geburt

Tag	Zahl	Tag	Zahl	Tag	Zahl	Tag	Zahl
1.	0	8.	94	16.	209	24.	309
2.	13	9.	107	17.	222	25.	322
3.	26	10.	121	18.	236	26.	336
4.	40	11.	134	19.	249	27.	349
5.	53	12.	148	20.	263	28.	3
6.	67	13.	161	21.	268	29.	16
7.	80	14.	175	22.	282	30.	30
		15.	188	23.	295	31.	43

Tabelle C / Korrekturwert: Uhrzeit der Geburt

0–6 h	6–12 h	12–18 h	18–24 h
−6	−3	+3	+6

Tabelle D / Mondzeichen

Ihre Mondzahl liegt zwischen:	Sie entspricht dem Mond in:
355– 5	Fische/Widder
6– 24	Widder
25– 34	Widder/Stier
35– 54	Stier
55– 64	Stier/Zwillinge
65– 84	Zwillinge
85– 94	Zwillinge/Krebs
95–114	Krebs
115–124	Krebs/Löwe
125–144	Löwe
145–154	Löwe/Jungfrau
155–174	Jungfrau
175–184	Jungfrau/Waage
185–204	Waage
205–214	Waage/Skorpion
215–234	Skorpion
235–244	Skorpion/Schütze
245–264	Schütze
265–274	Schütze/Steinbock
275–294	Steinbock
295–304	Steinbock/Wassermann
305–324	Wassermann
325–334	Wassermann/Fische
335–354	Fische

Hinweis: Wenn Sie als Ergebnis zwei Zeichen erhalten, dann lassen Sie sich bitte eine individuelle Horoskopzeichnung ausdrucken (zum Beispiel bei einem Astro-Berechnungs-Service), um festzustellen, in welchem der beiden Zeichen der Mond zum Zeitpunkt Ihrer Geburt stand.